高校思想政治理论课
实践教学研究

樊红兰　邱其荣◎著

南京出版传媒集团
南京出版社

图书在版编目（CIP）数据

高校思想政治理论课实践教学研究 / 樊红兰，邱其荣著. -- 南京：南京出版社，2023.11

ISBN 978-7-5533-4350-1

Ⅰ. ①高… Ⅱ. ①樊… ②邱… Ⅲ. ①高等学校－思想政治教育－教学研究－中国 Ⅳ. ① G641

中国国家版本馆 CIP 数据核字（2023）第 158976 号

书　　名　高校思想政治理论课实践教学研究

作　　者　樊红兰　邱其荣

出版发行　南京出版传媒集团

　　　　　南 京 出 版 社

社址：南京市太平门街 53 号　　邮编：210016

网址：http：//www.njcbs.cn　　电子信箱：njcbs1988@163.com

联系电话：025-83283893、83283864（营销）　025-83112257（编务）

出 版 人　项晓宁

出 品 人　卢海鸣

责任编辑　崔龙龙

装帧设计　马静静

责任印制　杨福彬

印　　刷　北京亚吉飞数码科技有限公司

开　　本　710 毫米 ×1000 毫米　1/16

印　　张　13.5

字　　数　214 千字

版　　次　2024 年 3 月第 1 版

印　　次　2024 年 3 月第 1 次印刷

书　　号　ISBN 978-7-5533-4350-1

定　　价　80.00 元

用微信或京东 APP 扫码购书

用淘宝 APP 扫码购书

前言

加强思想政治理论课建设对于高校的发展和学生的成长具有重要意义。作为高校立德树人根本任务的重要组成部分,思想政治理论课不仅是学生思想政治教育的一种重要形式,更是培养堪当民族复兴重任的时代新人的必要途径。因此,高校应该加强思想政治理论课的建设,提高教学质量,培养具有时代精神和社会责任感的大学生。

思想政治理论课实践教学是课堂理论教学的有效延伸与拓展。其目的在于引导大学生利用马克思主义中国化理论成果进行分析和思考,在实践中解决各类社会现实问题。这种教学方式更加贴近实际,能够让学生更深入地了解社会,更好地掌握理论知识,更有利于提高学生的综合素质。

思想政治理论课实践教学的实施成效关系到大学生思想政治教育的提高与加强,关系到大学生的成才发展,乃至关系到整个学校教育使命的能否实现。因此,高校应该重视思想政治理论课实践教学的质量和成效,切实加强管理和教学方法的创新,提高授课质量,让学生在实践中得到更好的锻炼和提高。

然而,当前思想政治理论课实践教学存在教学方法传统、单一,内容滞后、教学手段和管理方式等方面还存在诸多问题,这些都成为影响思想政治理论课实践教学发挥功能的主要因素。为了解决这些问题,高校应该采取新的教学方法和手段,让学生在实践中更好地理解和应用理论知识,提高实践能力,增强社会责任感和使命感。因此,改革实践教学模式,为思想政治理论课实践教学提供保障,就成为当前的重要研究课题。高校应该加强对思想政治理论课实践教学的研究和探索,切实提高教学质量和管理水平，为高校的发展和学生的成长提供更好的保障。只有如此，才能培养更多具有时代精神和社会责任感的优秀人才，为国家的发展和民族复兴做出更大的贡献。

本书是2023年度广西高等教育本科教学改革工程项目《应用型本科院校思想政治教育专业实践教学体系优化研究与实践》(2023JGA316)、2021年广西高校大学生思想政治教育理论与实践研究课题《铸牢中华民族共同体意识视域下广西高校思政课实践教学模式创新研究》(2021SZ105)和新一轮广西一流学科建设项目——百色学院马克思主义理论学科资助开放项目"老区高校思想政治理论课实践教学研究"的研究成果。本书共六章内容。第一章介绍了高校思想政治理论课实践教学的相关概念、功能、教学思想的发展以及理论基础等基本内容。第二章通过介绍高校思想政治理论课实践教学的重要性与意义、存在的问题及原因来分析我国高校思想政治理论课实践教学现状。第三章对高校思想政治理论课实践教学目标体系、内容体系、运行体系、考评体系、管理体系等方面的构建进行了叙述。第四章先是介绍了实践教学模式基本理论，然后分析了高校思想政治理论课实践教学模式的基本框架、"四位一体"实践教学模式的构建以及积极体验式教学模式在高校思想政治理论课实践教学的应用。第五章探讨了高校思想政治理论课实践教学改革的时代背景、主要方法、改革成效及问题以及改革的路径选择。第六章从思想、师资、物质三个方面阐述了高校思想政治理论课实践教学保障。

本书基于当前高校思想政治理论课实践教学的现实状况，对高校思想政治理论课实践教学的前沿问题的主要方面进行了梳理。通览全书，本书主要有以下特点：

第一，本书从对高校思想政治理论课实践教学的内涵和本质要求的研究出发，从时代需要的角度确定高校思想政治教育理论课实践教学的目的和任务，突出了我国高校思想政治理论课教学的重要战略地位，体现了我国高校思想政治理论课教学改革的时代特色。

第二，本书还从高校思想政治理论课实践教学的现状、教学体系、教学模式、教学改革、教学保障等方面着手，认识当代高校思想政治理论课实践教学时代性和具体性问题，反映高校思想政治理论课实践教学过程中的实际需要和存在的不足。

全书由樊红兰、邱其荣撰写，具体分工如下：

第一章、第三章、第四章第一节至第二节、第六章，共 10.3 万字：樊红兰（百色学院）；

第二章、第四章第三节至第四节、第五章，共 10.1 万字：邱其荣（电子科技大学中山学院）。

作者在撰写书稿的过程中，参考借鉴了学界诸多专家学者的理论研究成果，在此对相关作者深表感谢。同时，由于作者水平有限，书中提出的一些观点和分析探讨必定还存在不足之处以及需要进一步深入研究和论证的问题，所以，恳切希望能得到读者及时的反馈，以便进一步就相关问题展开深入探讨研究。

作　者

2023 年 6 月

目录

第一章

高校思想政治理论课实践教学概述

第一节　高校思想政治理论课实践教学的相关概念界定

一、实践教学

实践教学既是一种实践活动又是一种教学活动，因而同时具有实践活动和教学活动的特性。

首先，实践教学作为一种实践活动是“人的感性的活动”“客观的活动”，是主体和客体、精神和物质的“交错点”，具有物质性、能动性和社会性。所谓物质性即客观性，即实践的主体、客体、手段和结果都是客观的，也就是说实践是人们外在的客观物质活动，就是“做”“行动”。所谓能动性，就是说实践是一种主观见之于客观的活动，它是人们有意识、有目的地改造世界（包括客观世界和主观世界）的活动。社会性是指实践活动总是在一定的社会关系中进行的，并受一定的社会历史条件的制约。不能简单地把实践活动的社会性理解为大范围的社会集体活动。

其次，实践教学作为一种教学活动是教师与学生在教学过程中教和学的统一、互动活动，因而又具有课程性、全员性和目标性。课程性体现在实践教学需要围绕一定的课程内容来开展，这样才能达到教学目标。覆盖性则是指实践教学需要覆盖全体学生，让每个学生都能够参与其中。目标性则是指实践教学需要设定明确的教学目标，通过实践活动来实现这些目标，如提高学生的思想品德、知识和能力等方面。

二、高校思想政治理论课实践教学

（一）高校思想政治理论课实践教学的内涵

高校思想政治理论课实践教学是一种纳入高校思想政治理论课课

程体系的教学方式或教学环节。这种教学方式下，任课教师指导学生在课堂内外自主参与实践活动，帮助学生了解社会、理解思想政治理论课的内容，培养学生分析和解决问题的能力，促进学生全面发展。

高校思想政治理论课实践教学尽管具有实践活动的某些特征和形式，但在本质上却不同于一般的实践活动。这是因为思想政治理论课实践教学不仅传授马克思主义基本原理等方面的知识，以改造主观世界，还旨在优化主体能力和素质，是一种现实性活动。

思想政治理论课实践教学本质上仍是一种教学活动，只不过是一种实践化、应用化的教学活动。这种教学方式有助于学生将课堂学习中的理论知识与实际生活相结合，提高学生的综合素质和实践能力。同时，学生在实践活动中也可发现自身的不足之处，进而加以改进，提高自身能力和素质。

高校思想政治理论课实践教学的实施需要认真制定实践教学计划和方案，确定实践教学的内容、形式和要求，明确实践教学的目标和评价标准。实践教学计划和方案应充分考虑学生的实际情况，合理安排实践教学时间和任务，确保实践教学的有效性和实效性。

在实践教学的过程中，任课教师应充分发挥教学引导和辅导作用，引导学生开展实践活动，及时提供指导和帮助，确保学生全面、深入地了解和掌握所学的知识和技能，并在实践中得到有效的应用和提高。

要想对高校思想政治理论课教学有一个全面的理解，则要注意把握以下几个方面：

第一，从形式上去理解，可以将高校思想政治理论课实践教学划分为狭义与广义两类。高校思想政治理论课程的实践性是高校思想政治理论课程的一个重要组成部分，也是高校思想政治理论课实践性的体现。广义的思想政治理论课实践教学是指除理论教学之外的一切与实践有关的教学，既可以体现在课堂教学之中，也可以体现在课堂教学之外，特别是在课堂教学之外。

第二，思想政治理论课的实践教学，是对学生利用理论观察社会、认识社会、思考人生这一实际能力进行的一个环节，与其他高校的课程相同，也是要进行科学的计划和系统的培训。高校思想政治理论课程是一门对高校学生开放的必修课程，其教学目标和教学方法都要遵循教育教学的原则，只有在其规范性的教育作用得到发挥的前提下，其政治作用才能得到发挥。正如每个专业都有一个课程体系，思想政治理论的各门课程也组成了一个相关的课程体系，从而达到对学生进行马克思主义理论与思想政治教育的目的。在此基础上，要提高学生运用马克思主义理论进行分析和解决问题的实际能力，就必须把实习、实验、学年论文作为一种实践方法；同样，毕业论文也是对人才培养目的进行考核的一个关键步骤。

第三，高校思想政治理论课实践教学是一种以学生为中心的教育理念，旨在加强学生的学习活动和调动他们的生活实践经验。这种课程教学包括教师和学生的活动。它不仅仅是一种课程设计和实施，更是一种教育观念的转变。

传统的教育观念是以教师和教材为中心的，而高校思想政治理论课实践教学则从根本上改变了这种旧有观念。教学内容应该根据大学生的实际情况来设计和实施，以调动学生的实践经验，使其更好地理解和掌握课程内容。这种教学模式注重学生的学习活动，让学生在课堂中发挥主观能动性，积极参与课程讨论和实践活动，从而提高他们的学习效果。

另外，大学生的认同对其行为产生的实效影响更大。因此，在高校思想政治理论课实践教学中，教师应该尊重学生的个性，注重培养学生的独立思考能力和创新能力。同时，教师也应该关注学生的心理健康，为他们提供必要的帮助和支持。

第四，高校思想政治理论课是一门重要的学科，旨在帮助学生了解和把握国家政治制度、法律法规等方面的知识，同时也能够让学生对自身的世界观、人生观和价值观进行深入思考和探索。在思想政治理论课的教学中，实践教学是非常重要的一环，但是需要注意的是，实践教学不仅仅是一个实践性环节，而是实践性和研究性学习并重的课程。思想政治理论课实践教学的基础和载体是学科理论。通过实践教学，学生可以更好地理解和运用学科理论，加深对理论的理解和记忆，并在实践中进行运用和验证。高校思想政治理论课通常包括多个课程，涵盖了理论性、实践性、认知性和活动性等多个方面，并强调研究性学习和实践性学习并重的学习方式。在实践过程中，学生需要以类似科学研究的方式去主动获取并综合运用知识。学生需要积极参与实践活动，通过实践来探索和理解理论，同时也需要通过理论来指导和总结实践经验。在实践过程中，学生需要不断地发现问题、分析问题、解决问题的能力，以此来提高实践能力和实践水平，同时也需要树立科学的世界观、人生观和价值观。

第五，从教学目的去理解，高校思想政治理论课实践教学可以分为以思想教育为主、以服务社会为主和以培养能力为主的思想政治理论课实践教学。

第六，高校思想政治理论课的实践性教学，在高校思想政治理论课中有着特殊的地位与作用。思想政治理论课是一门将理论和实际紧密融合起来的新课程，它是一门以自身为基础，以学生的经历、社会实际、社会需要等为中心的新课程，通过专题的方式，将学生的学习和学习能力进行了有效的提升，并对学生的探究精神和创新精神进行了培养。高校思政课的实践性是高校思政课专业建设中不可缺少的环节。在教育的整个过程中，二者相互协作、相互促进。高校思想政治理论课实践教学教育是高校思想政治教育的重要组成部分。思想政治理论课实践教学超越具有严密知识体系的学科界限，强调以学生的经历、社会实际、社会需要为核心，以专题的形式对课程资源进行整合，有效地培养学生的能力，培养学生的探究精神、创新精神。思想政治理论课实践教学在思想政治理论课程体系中具有重要的作用。在实践育人过程中，它们相互配合，共同发挥各自的作用。思想政治理论课是实施思想政治理论课实践教学的必要基础，而思想政治理论课实践教学可以促进思想政治理论课的发展。二者密不可分，共同构成完备的思想政治理论课的课程体系。

（二）高校思想政治理论课实践教学的特点

1. 实践性

实践性可以指学生主体参与社会实际生活的直接感受性和参与性。思想政治理论课是大学生必修的课程之一，它涉及国家政治、文化、道德等各个方面的内容。因此，在教学过程中，突出大学生的主体实践活动是非常重要的。通过实践，学生能够更好地理解和应用所学的理论知识。实践性是思想政治理论课实践教学的首要特征。这种特征可以体现在学生作为主体参与社会实际生活的直接感受性和参与性。这种实践性可以表现为课堂上的讨论、学术研究和社会实践活动等。这种实践性能够让学生更好地理解理论知识，将其运用到实践中，从而进一步丰富自己的知识储备。

2. 课程性

实践教学是一种特殊的教学模式，它的课程性是与其他实践活动不同的显著特征。实践教学是服务于课堂教学的教育教学本质，通过实践教学可以帮助学生将理论教学内容应用和证实，达到预期的目的。在思想政治理论课教学中，实践教学活动的指向性和目的性是基于课程性的。通过课堂的理论教学，使学生具备一定的思想政治理论知识，才能开展实践教学活动。实践课堂教学可以帮助学生将理论知识应用于实践，提高实践能力和创新能力，同时也能促进学生自我认识和自我发展。只有这样才能达到思想政治理论课实践教学预期的目的。

3. 社会性

实践教学是一种定位于课堂外的教学活动，在社会的实践生活中进行。这种教学方式通过真实的社会生活场景和环境，让学生成为社会生活的直接参与者，培养他们解决实际问题的能力。

实践教学的场所或环境是社会的实践生活，这意味着学生可以在真实的社会环境中获得学习和实践的机会。例如，学生可以去参观企业，了解企业的运营和管理方式，或者去社区服务中心，参与社区服务活动。实践教学的目的是让学生直接感受社会生活，实现教育和社会化的过程。通过实践教学，学生可以学习到实际应用技能和知识，培养解决实际问题的能力，提高自己的综合素质和实践能力。

4. 综合性

思想政治理论课实践教学具有综合性，其目的是关注大学生的综合发展，而非单纯地提高某种能力或技能。虽然实践教学的客体有限，但是其内容或问题却具有广泛的综合性。在思想政治理论课的实践教学中，学生能够接触到真实的社会问题，了解社会发展状况，增强对社会的认知和理解。同时，实践教学也能够培养学生的实践能力和创新精神，使他们能够更好地适应社会的发展和变化。实践教学所涉及的内容和问题非常广泛，不仅包括经济、政治、文化等方面，还包括思想、道德和法律等多个方面。这些内容和问题之间相互关联、相互作用，学生需要从中进行综合分析和思考，以达到全面深入的理解和认识。

5. 开放性

第一，思想政治理论课实践教学的开放性体现在活动环境的开放性。教学环境的开放性可以创造一个自由的氛围，让学生们能够更加自由地表达自己的想法和意见，从而产生更多的创意和灵感。这也有助于增强学生的自信心和独立思考能力。

第二，实践教学的客体性要素是流动的和动态的，没有固定不变的边界。这意味着教学内容可以随着时代的变化和学生的需求不断更新和改变。这也使得这门课程始终保持着新鲜感和时代感。

第三，思想政治理论课实践教学具有极大的灵活性和多样性。它既没有给大学生定过多的条条框框，也没有严格的操作程序限制。这意味着大学生可以从不同的方面来分析和解决在实际生活中遇到的问题。这也有助于增强学生的创造力和独立思考能力。

第四，大学生可以用多种方式、形式来完成活动过程和表达活动结果。这意味着学生可以选择适合自己的方式来完成任务，例如通过写作、演讲、展览等方式来表达自己的观点和想法。这也有助于增强学生的表达能力和沟通能力。

最后，思想政治理论课实践教学在内容和形式、过程和结果上都具有开放性。这意味着教学内容可以根据学生的需求进行调整和改变，而教学形式也可以根据学生的兴趣进行选择。这也有助于增强学生的学习动力和主动性。

6. 自主性

实践教学是一种旨在充分体现学生主体地位的教学活动形式。在这种教学模式下，充分尊重学生的主体性是实践教学的根本。事实上，学生是思想政治理论课实践教学中真正的主体。为了使实践教学取得良好的效果，我们需要充分重视大学生自我教育的主体地位以及自我调控的能动地位。这意味着我们需要给大学生充分的自由，让他们自主选择、自主参与和自主调节。在这样的环境下，思想政治理论课教师只对大学生进行必要的指导，并为他们提供开放的条件和个性发展的空间。通过这种教学模式，我们可以有效地促进大学生的主动性和能动性得到较充分的发挥。实践教学可以激发学生的积极性和创造力，让他们从中获得更多的经验和知识。同时，这种教学模式也可以帮助学生更好地理解和应用所学的知识,提高他们的实际能力。

7. 多样性

很多学生都会觉得思想政治理论课枯燥无味,缺乏实际意义。为了更好地教授这门课程,越来越多的教师开始采用实践教学的方式。

实践教学有多种形式,其中最常见的包括体验式、参与式和综合式。体验式实践教学是通过社会考察、调研、参观、访问等活动,让学生亲身体验社会生活中的问题和现象。参与式实践教学则是让学生参与社会服务、三下乡和志愿者活动等,亲身感受社会服务的重要性。综合式实践教学则是将以上两种形式综合起来,让学生在不同的实践活动中得到全面的体验和参与。

在实践教学中,教师应该根据教学内容设计实践教学的内容和形式。例如,在学习党的二十大精神的时候,可以组织学生到各个社区进行调研和访问,了解社区居民对二十大提出的各项政策的看法和反映。在学习马克思主义基本原理的时候,可以组织学生参与社会服务和志愿者活动,深入了解社会主义核心价值观的实际应用。

第二节　高校思想政治理论课实践教学的功能

一、导向功能

高校思想政治理论课肩负着向广大大学生传授科学发展观的重任。在高校思想政治理论课教学中,实践教学是一个非常关键的环节。教学手段的应用与理论教学相结合,实现了用马克思主义理论成果武装当代大学生的重大任务。在马克思看来,理论来自实践,并要经过实践的检验。正是由于马克思主义理论是从实践中总结出来的,并经过了实践的检验与发展,才使之成为一种具有科学性的理论。实践教学就是要把这一学科体系所体现出来的、概括出来的马克思主义理论与实践的关系,挖掘其中所蕴含的实践精神,阐发其在中国特色的社会主义建设进程中所起到的指导作用进行阐释,进而引导学生在充实的实践活动中认识到马克思主义的发展历程，把握马克思主义中国化时代化的新成就，并能应用这些新成就来对实际问题进行分析、回答。在进行思想政治理论课的建设过程中，可以用实践教学来有效地推进马克思主义理论体系向思想政治理论课程体系的科学化，从而推动课程体系全面合理地转化为教学体系，以提升将教学体系转化为大学生的思想政治素养和综合素质的能力。

从高校学生对马克思主义的研究现状出发，分析了高校学生对马克思主义基本原理的研究现状，指出了高校学生对马克思主义基本原理的研究现状和存在的问题。思想政治理论课的实践教学是思想政治理论课程的实践形态体现，它与思想政治理论课程的目的相一致，即不仅需要受教育者对马克思主义理论体系进行系统的把握，构建起理论知识框架，还需要受教育者将课程内容内化为价值信仰，可以在现实生活中自觉地遵循并践行自己内心的崇高信仰。因此，实践教学的真实目标就是引导学生参加由中国共产党领导并推动的社会实践，体悟体现并总结在课程内容中的实践精神。

从马克思主义科学理论体系来看，这是马克思主义者对自然界、人类社会以及思维活动客观发展规律的研究成果的系统化集合，也是马克思主义者在社会实践经验的基础上提炼出来的理论总结。思想政治理论课程的实践教学过程，就是对受教育者的一种需求，即对与其有关的实践活动的内在统一性关系进行了全面的掌握，也就是要用教学内容的观念形态来将有关的社会实践活动具体包含的物质生产劳动、社会关系活动、科学实验的指导理念、实际过程及结果进行体现。通过实践教学，可以让受教育者深刻地体会到课程知识所蕴含的实践活动的精神实质。通过实践，受教育者可以在直观、形象、生动的亲身经历中，体会到马克思主义的深刻魅力。在参加社会实践的过程中，可以通过繁复的客观现象来了解其内部的规律和本质，从而提高对与错、善与恶和美与丑的分辨能力。学生的思想政治理论课主要是为了对中国特色社会主义所面临的政治、经济、文化等方面的问题进行分析与解决，教师能够指导学生通过亲身的经历，将马克思主义的理论应用到具体的实践中去。而单纯的理论性的讲授则很难让人顺畅地接受和理解，很难让人在“知识的海洋”中畅游。

二、保证功能

高校思想政治理论课的教学不仅是对学生进行理论教育,同时也是对学生进行实践教育的一个重要环节。实践教学有效地拓展了理论课的教学空间,丰富了理论课的教学内容,使理论联系实际的原理得到更好的实现。在这门学科中,马克思的学说是一门经过实践检验而形成的一门科学。对于学生来说,这是一种间接的认识和经历。如果仅仅依靠课堂教学,学生们将很难彻底地理解和吸收它们。而实践教学能够在某种意义上弥补学生们在直接体验方面的缺陷,引导他们从抽象的理论知识扩展到丰富的实践活动,让他们从狭窄的教室中走向炽热的社会生活。将单纯的书本知识转移到更广阔的生活天地中,让学生在有意识的和广泛的实践中,了解国情,了解社会主义的建设和改革实践,培养对人民群众的思想情感,并增强对中国特色社会主义的信念。通过这种方式,将抽象的理论与具体的实际紧密联系起来,将理论与实践相互补充,构成一个有机的整体,从而让思想政治理论课可以真正地贴近现实、贴近生活、贴近学生,散发出强烈的活力。

一切理论知识都是从实践中产生的。思想政治理论课的课堂教学主要是以教育者的授课方式为主要内容,其重点是对被教育者在思想、政治、道德观念方面的教育,注重对理论的了解和讲解。面对这样一种抽象的理论知识,如果一个教育者仅仅凭借自己的经历,将其完整地展现在被教育者面前,那么它就没有与社会实际和历史联系起来,也没有与被教育者的生活世界进行关联,从而进入到他们个人的精神世界中去。这样,就会使被教育者感觉到其理论过于单调、没有吸引力,就像是一座高耸入云的空中城堡,没有真实的感觉。只有真正的教育者才会全情投入,与种种现实相结合;只有这样,被教育者才会欣然享用“理论大餐”,获得丰厚的精神食粮。实践教学能够对思想政治理论课课堂理论教学的空间进行扩展和延伸,将抽象的理论与具体的现实情况有机地联系起来,从而产生一种互为补充的局面,将抽象的理论通过直观、生动的实践演绎出来,对被教育者所吸收并消化的难点进行解决。

思想政治理论课作为一种建构人的精神世界的科目,要求个人完全地投入到其中,所以,在重视对人的理想信仰的培育的前提下,应更加重视对人的认识，并将其应用到现实生活中去。在人的思想系统中，如果没有对先进的理论和科学的思想进行征服，那么就会被落后和腐朽的思想所占据。在实践教学中，可以将理论的学习与现实的环境相结合，更加接近人们的现实生活，引起他们思想上的共鸣，进而指导受教育者将思想、道德、政治认识转化为行动，并将其上升为自己的信念体系。在高校开展实践性教学，既有利于提高学生的认识，提高学生的综合素质，又有利于提高学生应用知识、解决问题的能力。

三、发展功能

思想政治理论课实践教学的个体发展功能主要指实践教学在塑造人的品德、促进人的发展方面所起的积极作用。马克思和恩格斯非常关注人的发展，在他们对于未来美好社会的构建中，将每一个人的自由和全面发展看作是社会发展进步的主要标志之一。他们密切关注人的全面自由发展，把人的生存、发展和享受当作人的根本需求，他们不认同资产阶级“物统治人”的思想，认为这种观念使人的价值取向发生变化，容易使人成为单向的、畸形的人。由此，他们十分重视人的发展。

在对高校学生进行“以人为本”的思想政治理论课教学中，要充分利用“实践性”的教学手段，让学生主动融入社会中，提高他们的认识水平；通过对高校思想政治工作的指导，使高校思想政治工作人员在思想政治工作的指导下，不断提高自身素质。在思想政治理论课实践教学过程中，通过实践，可以更好地调动学生的学习热情，引导学生全面认识祖国的未来与命运；理解社会发展的规律，理解自己肩负的职责与任务。大学生通过参加中国特色社会主义的实践，把握住时代的脉搏；从社会的发展和进步中汲取养分，从而使他们能够以一种积极的态度和改革的精神投身于社会主义的建设中。在进行多次的实践活动之后，学生们可以更好地将自己所掌握的理论知识与实际生活相结合，对自己的人际交往能力、应变创新能力、组织管理能力以及心理承受能力进行有效的训练，并将自己的行为规范与现实生活相结合，最终实现了从思想认识到行动实践的转变，从而达到知行合一的目的。在现实生活中，学生们可以利用实践活动，达到与社会进行交互的目的，帮助他们完成社会角色的转换，提高他们的实际工作能力，为他们未来的选择、就业和创新创业打下了坚实的基础，使其在个人与社会两方面都得到提高，从而使其成功地进行社会化。

社会化贯穿于人整个生命历程中，是每个人都要面对和体验的。教师的社会化工作是否顺利，对其自身的发展有着重要的影响。被教育对象的思想道德品质的发展，就是一个对社会价值观进行筛选和接受，并把它内化为自己的观念，转化为自己的行动的过程。这个过程是一个人整个人生的历程，根据马克思的学说，只有通过实践才能推动人们实现其社会化的进程。

思想政治理论课程教学是促使个体思想道德素质得以提升的重要途径。从思想政治理论课程教学的社会功能来看，理论自身是引导个人社会发展的推动力和力量，任何一项实践活动，如果没有科学的理论作为指引，就是一种盲目的实践。所以，实践教学是在理论指导下对课程教学进行的扩展，它是一种有指导性的、有目的性的、有计划的实践，它既能促进被教育对象的社会价值的提高，又能促进他们的个人价值的提高。马克思主义学说是无产阶级和广大劳动人民认识和改造世界的武器，它不仅具有意识形态还具有社会发展功能，而且指导着人们按照人类历史的发展规律前进。实践教学通过实践经验的方式，抓住了马克思主义理论所蕴含的实践精神，并将这些实践精神灌输到被教育者的心中，这样，他们才能在今后的工作中，充分地展现出自己的精神，更好地实现他们的社会化进程。

四、享用功能

思想政治理论课实践教学的个体精神享用功能是客观存在的，它根植于思想政治教育的本质中，是思想政治教育的必然效应。实践教学可以使受教育者在积极参与实践的过程中，使其思想和行为得到发展和完善，使其个人的思想道德品质得到提高，从而满足其精神需要。一个人具有优良的精神和道德品质，主要体现在他对现实世界的把握上，即他对人的“对与错”“善与恶”“美与丑”这一内在尺度把握上。而主体性人的优良的思想道德品质则是体现在对“向善”的不断要求上，也就是体现在对价值体系的建设上。主体性人的向善实践，就是被教育对象良好的思想道德素养的外在表现，在这种外在表现的过程中，人们经过自身的努力，创造出一个更美好、更和谐、更有美德的外在世界，从而使主体性人从这种外在世界中得到更多的快乐。

马克思人学的思想教导我们，人的精神活动能力的多方面发展既包含了主体性人创造精神财富的能力，也包含了人享用已有的社会精神产品和精神财富的能力。要想在实践教学过程中，让受教育者得到一种精神上的快感和享受，受教育者必须具备一种感知和体验的能力，拥有一种经过教育训练而发展起来的完美的道德心灵，这样才能够在实际工作过程中，对自己所获取的真、善、美等价值观念拥有鉴别和感受力，感受到在实际工作过程中所看到的所有的美。所以，在每个被教育对象的人格基础上，每个人都要不断地发展与提高自己的道德品质，这样，他们就能够认识并欣赏到人生中所有的美。在操作层面，实践教学可以提升思想政治理论课教育教学的文化价值。在实践过程中，教育者通过挖掘高校思想政治理论课的文化内容，用人类创造的优秀文化成果丰富教学内容；并且，通过提高思想政治理论课教师的理论功底、文化品位和精神状态，从而达到言传身教的目的。同时，在多元化的教育和教学方式中融入文化元素，运用启发式、参与性和情感激励等多种方式，来提升学生的人文素质。在实际的教学过程中，教育者要引导受教育者创造出一个良好的校园环境，在学校的天然环境中融入人文的内容，力求让学校的每个角落都能反映出美学和教育的双重意义，让学生潜移默化地接受人文气息的熏陶。增强学生对校园文化的认同。同时，教师也能为学校创造一种积极的、有活力的校园精神文化环境，把大学生的第二课堂活动作为一个重要的载体，用各种社会实践、科技创新的活动来开展德育工作，营造出浓厚的校园文化氛围，让大学生的精神生活变得更加丰富多彩。通过校风、学风的建设，来引领大学生们树立起正确的世界观、人生观及价值观，并将社会主义核心价值体系与校园的精神文化相融合。在多元文化的视野中，我们可以对其展开研究，并将其视为一种重要的方式和载体，从而达到提高其效力、建设其先进性的目的。

从实践性德育的角度来看，高校的思想政治教育工作者要重视优秀传统文化对实践性德育的引领作用。第一，中华优秀传统文化蕴含丰富的伦理思想，其中蕴含深刻的修身处世的道理，可以指导大学生多读古典名著，以“阅读活动月”“我读经典”为主题，培养学生优良的道德品质，实现“德才兼备”的培养目标。第二，创建和谐的学校文化。创造丰富多彩的校园仪式文化，将学校的重大庆典活动、纪念性会议等融入实践教学中，从中提取出所包含的深厚的文化价值，让学生在无形中受到影响和教育。突出文化旋律，在校园中营造节庆文化氛围，通过学生喜闻乐见的方式开展主题实践教学，达到“润物细无声”的教育效果。第三，要注意对社会上的各种文化热点和大学生所关心的问题进行正确的导向和宣传。对于社会上的热烈讨论及引起学生普遍关心的事件，思想政治教育工作者要把握好教育机会，及时组织大学生进行探讨和反思，并利用重大的社会热点事件、突发性事件进行教育。这样，才能让受教育者在其实际经验过程中，全心全意地进入到一种“自我超脱”的状态，从而达到一种最终的快乐。

第三节　高校思想政治理论课实践教学思想的发展

一、中国古代思想家实践教学思想的萌芽与形成

中国古代思想家的实践性教育思想，可以上溯到春秋战国时期，在这一时期，社会面临着由奴隶制度到封建制度的巨大变革，在这个时代，各国政权的盛亡与动荡，许多思想家都站在了自己的阶级角度上去思考，阐述民众教化之道以治天下。

（一）孔子的实践教学思想

首先开启了实践教化之先河的，当属儒学之祖孔子。孔子说：“力行近乎仁。”人们相信，遵从社会伦理准则而尽力行事的人，是“近乎仁”的。他提倡“力行”，相对于道德认知，道德实践更为重要。在孔子门生中，子路是最有胆识、最能实践的一位。“子路无宿诺”，答应办的事从不过夜，不把事情办完则不肯罢休，子路对老师提出，“闻其行乎？”就是付诸实践的一种表现。对于言行脱节的行为，孔子说：“始吾于人，听其言而信其行；今吾于人也，听其言而观其行。”一个人的品行，可以从他的行为上来判断。“以身启道”是孔子独特的教学方法，孔子基于这一方法，对学生提出了“学以致用”，并把自己所学应用于实际生活中的具体做法。如果学习了道德，了解了道德规范，那么，就必须“笃行之”，并

在人生的实践中反映出来。孔子说："君子耻其言而过其行。""君子欲讷于言敏于行"，他认为，如果夸大其词而言行之间存在着脱节，那就是一件很丢脸的事情。所以，君子应该在言语上多加小心，在行动上多加努力，比如，闻义能徙、择善而从、知过能改。将自己的言语和行为结合在一起，这就是孔子所希望的"身体力行"。孔子也对教师的行为进行了规范，他说："身正，不令而行；其身不正，虽令不从。"教师在进行德育教育之前，必须以身作则，如果自己的品行是正确的，起到了很好的表率作用，即使没有命令，也能做到这一点。否则的话，就算下令，也不会有人服从。孔子还辩证地指出，实践教育不能与认知教育相分离，也就是，道德实践和道德理论传授是在同一教化过程中进行的。他对弟子说："好仁不好学，其蔽也愚；好知不好学，其蔽也荡；好信不好学，其蔽也贼；好直不好学，其蔽也绞；好勇不好学，其蔽也乱；好刚不好学，其蔽也狂。"由此可以看出，没有一定的理论知识作支撑，就很难养成良好的品德。从"知德"到"好德"再到"行德"，构成了孔子德育的一系列理论体系，孔子认为，德育的根本还是要看个人的言行，由于当时社会"知德"和"好德"的人并不多，能够按照自己的价值观行事的人更是寥寥无几，所以，要实现德育的目的，就必须以实际行动来践行德育，以实践育人，是德育的根本。

（二）孟子的实践教学思想

孟子是中国古代儒学思想家中思想最为深邃的人之一。他在人性论的基础上提出了道德教化论，认为人的天性本善，但需要经过教育来引导和培养。

孟子强调，为政者、治理者的身体力行对于教化的意义非常重要。他认为，领导者的言行会对下属产生影响，如果领导者本身不能做到言行一致、身体力行，那么就很难教化别人。孟子将"四心""四端"作为受教育者形成良好道德品质的内在依据。"四心"包括仁心、义心、礼心、智心，"四端"包括仁端、义端、礼端、智端。只有在"四心""四端"的基础上，才能形成真正的道德品质。孟子强调了受教育者的主观能动性在道德品质中的作用。他认为，每个人都有自己的思想和行为习惯，只有通过自我反省和努力改变，才能真正地改变自己的道德品质。孟子认为，理想的仁政是从教育入手，而教育又是使教化对象"扩充善端"的过程。他认为，只有通过教育，才能让每个人都成为有道德的人，从而构建一个和谐的社会。孟子主张实践教化对道德形成的作用不可忽视。他认为，只有通过实践，才能真正地理解和体验道德，从而形成自己的道德观念和品质。孟子提出了著名的“君仁，莫不仁；君义，莫不义；君正，莫不正。”他认为，领导者必须具备仁、义、礼、智的品质，才能够带领人民走向正确的道路。

孟子的道德教化论对中国古代的教育和思想产生了深远的影响。他的思想不仅在中国，也在世界范围内产生了广泛的影响，成了人类文化宝库中的重要财富。

在理想人格的养成上，孟子的教化理路遵循着“持志养气”“存心养性”“厚于责己”等规约。这些规约是孟子对于道德教育的重要思想，他认为只有通过这些规约的实践，才能够真正地培养出德行高尚的人。孟子认为，人的精神境界是靠平常一件件善言善行积累起来的。他主张把道德教育贯穿于日常生活中，通过一点一滴的实践，逐渐地培养出一个完整的人格。孟子的教育思想强调了个体的自身修养和文化素养的重要性，认为一个人只有通过自身的努力和实践，才能够真正地成为一个品德高尚的人。德行的习得需要遵循“盈科而进”的规律，逐渐流入大海，否则会影响效果。孟子认为，德行的习得是一个渐进的过程，需要通过不断地实践和反思，逐渐地积累经验，才能够逐渐流入大海。他主张通过学习先贤的道德经验，以及通过自身的实践和反思，逐渐地提升自己的道德境界。这些主张鲜明地表露了孟子对于孔子的道德教化方法论及身教主张的继承关系。孟子在自己的教育思想中，强调了道德教育的重要性，并且通过实践的方式，逐渐地培养出德行高尚的人。这也是孔子所倡导的“教无定法”的实践教育理念的延续。

孟子的主张在形成“大丈夫”人格上对我国民族精神的凝聚起过激励作用。他认为，只有通过实践和反思，逐渐地培养出一个品德高尚的人，才能够真正地成为一个“大丈夫”。这种“大丈夫”精神在中国的传统文化中具有非常重要的地位，是中华民族精神的重要组成部分。

（三）墨子的实践教学思想

在先秦时期，墨家代表人物墨子就强调了道德教化的重要性，并提倡从行为动机与效果的统一去评判人的道德实践。墨子认为，人的道德实践应该以实际行动为依据，而非口头宣扬。因此，墨家更着眼于“功”，即实践教化的效果评价，认为“士虽有学，而行为本焉”。

在墨家教育思想中，实践教化的重要性也得到了充分的体现。墨子强调实践教化中要体现吃苦耐劳和艰苦奋斗的精神，只有在“言必信，行必果”的前提下才能造就“爱利天下”的兼士。这种实践教化的思想是非常先进的，它不仅注重道德实践的效果评价，更强调实践教育的重要性，认为只有在艰苦实践中才能锤炼高超的人生智慧，从而为“兼爱天下”社会理想的实现打下基础。

墨子还重视实践环境的砥砺作用。他认为没有在艰苦实践中磨炼出来的顽强意志，难以锤炼高超的人生智慧，更难以为“兼爱天下”社会理想的实现作出贡献。因此，墨子提倡在实践环境中进行道德教育，让学生能够在艰苦的环境下磨炼意志，锤炼智慧，从而成为真正的兼士。

相比儒家来说，墨家主张实践教育方法强调启发教化对象主动性，这是墨家教育理念的核心。即使教化对象不来请教，教化者也应该主动地上门去教育，让教育对象在实践中学习和成长。墨子从小生产者的平等理想出发，希望实现“兼相爱、交相利”的实践目的，通过教育培养，人们以行动去实践或达到三条准则：“厚乎德行”“辩乎言谈”“博乎道术”。这三条准则是墨子教育的基础。墨子的教育目标是培养兼士投入社会实践，具备兴利除害的能力，以及思维辩论能力，向社会推行“兼爱”的主张，并让教化对象懂得以兴天下之利，除天下之害为己任，不分彼此、亲疏，不分贵贱、贫富。

墨子的平等博爱精神带有空想的色彩，但给人以启发。墨家教育方法注重的是启发教化对象自主性，让他们在实践中领悟和成长，这种教育方法对于现代教育也有很大的启示作用。墨子的理念和实践方法，为我们提供了一种全新的教育思路，为教育的改革和发展提供了有益的借鉴。

二、中国古代思想家实践教学思想的推进与发展

（一）朱熹的实践教学思想

朱熹是中国宋代儒学家，他的思想被称为朱子学派，是中国传统文化的重要组成部分。他强调“力行”，即将道德知识付诸实际行动，认为只有通过实际行动才能真正理解道德知识的含义和内涵。朱熹认为“行”对“知”有检验的作用，反对言行脱节，讲求“知行合一”。他认为只有将道德认知转化为道德行动，并检验认知的正确与否，才能真正掌握道德知识的实质和精髓。他认为学习道德知识不仅是为了知识本身，更重要的是能够将道德知识付诸实践，体现在自己的行为中。朱熹根据他对人类活动与精神发展的理解，结合他自身的教学实践，把人的启蒙划分为“小学”与“大学”两个时期。朱熹重视让孩子们在日常的实际行动中学习到伦理学和道义，从而养成良好的行为和习惯。而大学教育的核心，就是要探究“事物之所以然”。“小学之事，知之浅而行之小者也；大学之道，知之深而行之大者也。”由此可以看出，朱熹对人在认识与行动上存在差异的情况下，对进行德育教育的方法已有了初步探索。

（二）王守仁的实践教学思想

王守仁是明代伟大的思想家和哲学家，在中国历史上有着重要的地位。他提出了“知行合一”的思想，强调在具体的事物中进行道德修炼，将道德修养放在学校教育工作的首要地位，最终目标在于“明人伦”，即明白人际关系的道理和对待人的态度。

“知行合一”是王守仁提出的一个重要思想，它强调理论与实践的结合，要求人们在具体的事物中进行道德修炼。这一思想深受人们的认同，成为后来的儒家思想的重要组成部分。王守仁认为，道德修养的自觉性和主观能动性非常重要，要不断进行自我反省和检查，克制不良习惯。他认为，一味强调静坐澄心容易产生各种弊病，提倡道德修养须在具体的实践中不断提高自己的道德素质。

王守仁还强调将道德修养放在学校教育工作的首要地位，发展学生的各种才能，使其成为具有“成德”的人。他认为，学校应该培养学生的道德品质，让他们在学习和生活中始终秉持正确的道德观念和行为准则。最终目标在于“明人伦”，即明白人际关系的道理和对待人的态度。王守仁认为，只有明白人际关系的道理和正确地对待人的态度，才能在社会中立足。他提倡人们要时刻保持谦虚、宽容、诚实、勤奋、正直的品质，这样才能成为“成德”的人。

三、中国近代思想家实践教学思想的成熟与完善

清朝时期，中国的封建社会进入发展晚期，随着资本主义萌芽的大量出现，社会矛盾日益激化。在这一时期的思想文化领域表现出强烈“自我批判”色彩，以黄宗羲、王夫之、颜元为代表的进步思想家掀起实学教育思潮，主张培养“实才实德之士”，强调“学责适用”“学则实行”“习行”等联系实际的教育教学原则和方法，倡导劳动教育。

（一）黄宗羲的实践教学思想

黄宗羲是明末清初著名的思想家、教育家、历史学家和文化名人，他提出的教育理念，对于当时的教育界和今天的教育者具有深远的影响。

首先，黄宗羲“致良知”的“致”字应该解释为行字，即只有通过实践行动才能获得真知。他主张学生要勤奋刻苦，躬行实践以求知，力学致知。只有这样，才能不断地提高自己的能力和素质，走向成功。黄宗羲强调勤奋刻苦，重在自己“所行所习”，才能“去圣不远”。他认为只有在实践中不断学习和锤炼，才能不断提升自己，接近圣贤的境界。黄宗羲以身作则，年逾六十仍然嗜学不止。他认为教师应该是学生的榜样，只有教师自身具备不断学习、不断进步的精神，才能引导学生朝着正确的方向发展。黄宗羲提出了“讨论辩难”方法，调动学生个体主观能动性，发挥师生群体的积极作用，各持一说，要敢于创新，发“先儒之所未廓”。他认为，通过讨论和辩论，可以激发学生的思维和创造力，让学生不断探索和发现新的知识和领域。另外，黄宗羲强调自由活泼的实践教化氛围对学生的道德品质的获得和思想境界的提升有很大的帮助。他认为，教师应该相互质疑问难、切磋讨论，让学生在自由、活泼的氛围中

自由探索和发现知识，不断提升自己。

（二）王夫之的实践教学思想

王夫之是17世纪伟大的思想家、教育家，他的理论对中国古代教育和道德文化的发展有着深远的影响。他摸索出了通过实践开展道德教化的规律，为后来的教育家提供了宝贵的经验。王夫之认为道德修养的锤炼不能仅停留于意识阶段，还应将道德知识变为实际行动。在学、问、思、辩、行五者之中，“第一不容缓则莫如行”。这意味着，只有通过实践，才能够真正地验证道德知识的真假，更为重要的是，“行”还是衡量道德心的标准。王夫之认为，如果“知而不复行”，则非真有“大公之心”。所谓道德，必须将道德知识转化为自身的道德行为。只有这样，才能够真正地提高个人的道德素养，影响身边的人，进而影响整个社会。

（三）颜元的实践教学思想

颜元是中国明代思想家、教育家、文化名流，也是实学教育思潮的重要代表人物，他在教育领域有着深远的影响。颜元的“真学”“实学”主张，强调要重视实际知识和实践能力，不仅要有书本知识，还要注重实际运用和实践操作。他认为，真正的学问不在于纸面上的文字，而在于真正的实践经验。因此，颜元主张在教学过程中联系实际，坚持练习和躬行实践，这就是他提出的“习行”教学法。此外，颜元还推崇劳动教育，认为劳动可以促进经济发展和推动社会国家强盛。他认为，亲身参加劳动可以使人“筋骨竦，气脉舒”，从而“魂魄强”，劳动可以“正心”“修身”，使受教育者克服懒惰疲沓。因此，颜元主张将劳动教育纳入教育体系中，让学生在劳动中学习、实践中成长。

四、中国现代思想家实践教学思想的开拓与创造

“五四”新文化运动是中国近代历史上的一次重要事件，它极大地促进了民族现代意识觉醒和思想解放。这场运动对中国的各个领域都产生了深远的影响，其中对教育领域的影响尤为重要。中国教育实践者在面对中国教育现状的困境时，选择汲取西方现代教育思想，探索改造

和进步的出路。他们深刻认识到传统的中国教育模式已经无法满足时代的需求,必须进行改革。于是,他们开始了一场全面的教育变革,试图寻找适合中国国情的教育教学方法。在这一过程中,教育家秉持了兼容并包、洋为中用的态度,不断探索适合中国现实国情的教育教学方法。他们既吸收了西方先进的教育理论和教学方法,又注重结合中国传统文化和社会现实,形成了独具特色的教育模式。他们认为,传统的中国教育注重知识的传授和记忆,忽视了学生的思维能力和创新能力的培养,不利于培养现代社会所需的人才。因此,他们借鉴了西方实用主义教学思想,注重培养学生的实践能力和创新能力,使学生能够适应现代社会的发展需求。

(一)陶行知的实践教学思想

教育理论家陶行知提出了"教学做合一"的教育理念,将实践教育作为教育的核心,将教、学、做有机结合,以做为核心,让学生在实践中学习、实践中发展。陶行知的"教学做合一"理论受到了裴斯泰洛齐和杜威的启发,形成了"生活教育"理论。他认为,一切课程都是生活,一切生活都是课程,教育的目的在于培养学生的"生活力",因此,学习课程的构想必须以培养受教育者"生活力"为目标。在陶行知的"教学做合一"理论中,实践教育是核心思想。他认为,行是知之始,强调实践的重要性。教师应该将学生引导到实践中,让学生在实践中学习,让学生在实践中探索,让学生在实践中发展。只有将教育和实践结合起来,才能使得教育更加有效。

针对传统教育中存在的问题,陶行知提出了对课程和教材的改造意见。他认为,教材应该打破传统模式,意识到"书是一种工具,一种生活的工具,一种'做'的工具",让学生在实践中使用教材,让学生在实践中理解教材。他还强调,教育应该服从于学生的需求,让教学生活化、实践化,让教学与生活相结合。

(二)陈鹤琴的实践教学思想

陈鹤琴倡导的"活教育"和"生活教育"是源自美国教育家杜威的教育思想,这些思想强调教育应该紧密结合现实生活,将学习与生活融为一体。在这种教育观念下,学生不仅仅是被动地接受知识和技能,而是参与其中,积极地学习。因此,“活教育”的实践教学原则是“做中教,做中学,做中求进步”。“做”是“活教育”教学论的出发点,这意味着教育应该关注学生的主体地位和直接经验获取。教育家们强调,学生需要通过实践来理解知识和技能,而不是被动地接受教育。在这种教育模式下,教师应该成为学生的指导者,帮助他们探索和发现知识的真谛。为了实现这个目标,教师应该运用心理学和教育学的规律,调动学生的积极性。同时,教师应该破除“灌输”教学法,因为这种教学法是一种被动的学习方式,教师只是简单地传授知识,而不是启发学生思考。

从整体上看,这一阶段思想家、教育家关于实践教学问题的探讨已经显示出强烈的时代气息,他们的思想对实践教学产生了深远影响,强调学校教育与生产劳动生活相结合,批判传统教育的弊端,并遵循受教育者身心发展规律,探索有效教学方法。在新文化运动的推动下,将受教育者主体性放置于教学中心地位,培养实际能力成了教育的重要方向。

第四节 高校思想政治理论课实践教学的理论基础

一、马克思主义的科学实践观

实践观是马克思主义哲学的首要和根本观点。在马克思主义的实践观中,实践是人类所独有的一种对象性的行为,它是人类认知的根本,也是人类获取正确的认知和思想观念的最重要最基本的方式,它是衡量人类认知是否正确的唯一标准,实践既是人类思想认知的出发点,也是人类认知的归宿。

(一)人的主体地位是在实践活动中得到确认的

实践是人有意识、有目的的行为过程,人是实践的主体。而教育是一种实践活动,以受教育者自身为活动对象,主体客体化与客体主体化的双向对象化的过程。因此，只有学生真正成为活动的主体，才有可能在活动中积极地发挥其主动性。

为了让学生成为教育实践的主体，实践教学应运而生。实践教学通过突出学生主体参与教学过程，使学生在实践环节中发现问题、分析问题，有效发挥学生的主动性。在实践教学中，学生不再是被动接受知识，而是通过亲身体验，深刻理解和掌握知识。实践教学不仅可以提高学生的学习兴趣和参与度，更能够真正提高学生的思想政治素质及明辨是非、分析问题、解决问题的能力。在实践教学中，学生将面对真实的社会问题和挑战，需要通过自己的思考和实践，解决问题，这可以有效地培养学生的创新精神和实践能力，使其更好地适应未来社会的发展需要。

（二）实践教学是实现人的全面发展的根本途径

马克思主义实践观点指出，人在实践中得到了自己的发展，在这个过程中，随着人们对社会生活的认识和改造，随着社会生活的基本品质的形成，人们的能力、个性发展和个人的价值得到了全面的整合。在大学思想政治理论课的实践教学中，学生通过对思想政治理论课进行积极参与和内部体验，持续地获得理论知识，并对其进行持续地学习和积累社会生活的经验。从某种意义上说，这使人的社会生存能力和社会适应能力都得到了很大的提高。

作为社会实践的一个重要组成部分，实践教学在思想政治教育中的应用可以更好地将实践对认识形成、发展过程中的决定性影响表现出来，这也是坚持马克思主义实践观的要求和表现。因此，在对高校学生进行思想政治教育工作时，要对其进行有效的指导，就必须把社会实践作为教育最根本的方式来进行。

二、教育学的理论基础

建构主义学习理论认为，在学习环境中，情境、协作、会话和意义建构是四大要素。这意味着学生需要在真实的情境中建立实践共同体，通过与团队之间的观点和经验的交互，进而提升个人对知识的理解。同时，认知主体的认知不仅是个体内部的建构，也是社会建构，即知识是具有社会属性的，必然会受到一定社会文化环境的制约。因此，教学应该以学习者为中心，创造有利于学生学习的情景和环境。教师应针对学生活跃的思维和变化的情绪、发展的需求营造让其获得体验的氛围，尽可能提供有利于学习者认知发展的认知工具。这可以激励学生的内在潜能去自主探索，师生多向交流，心灵沟通，共同对世界认识、理解并进行建构。同时，教学还应该通过激发和挑战学生原有的知识经验，提供有效的引导、支持和环境，帮助学生在原有知识经验的基础上生长（建构）起新的知识经验。这种方法可以帮助学生更好地理解和掌握知识，同时也可以促进学生的创造性思维和实践能力的提升。

三、心理学的理论依据

（一）多元智能理论

多元智能理论与实践教学在现代教育中扮演着重要的角色。多元智能理论认为每个人有着不同的智能结构和组合，需要承认并开发各种智能和智能组合。这种理论的应用可以帮助学生更好地了解自己的优势和潜力，并开发其他智能。实践教学符合职业教育的特点，是实现开发潜能、发展人的个性的主渠道。在实践教学中，学生可以通过实践活动来加强自己的多元智能，提高自己的综合素质。

大学生的优势智能是形象思维智能，需要针对其教学方法适合形象思维，教学场所应该实现多功能化。这意味着大学教育应该注重培养学生的视觉和触觉能力，如组织实验、讲述故事、演示等。此外，教学场所应该具备多种功能，如实验室、展示厅、工作室等，以促进学生的多元智能发展。

思想政治理论课的实践教学应该以开发多元智力和培养学生的德行为重点，能够有效促进学生参与和思考，调动学生积极性。在这种教学模式下，学生可以通过实践活动来加强自己的多元智能，提高自己的综合素质。同时，学生也可以通过实践活动来培养自己的德行，如团队合作、责任感等。

（二）行为主义的心理学理论

根据行为主义的理论，刺激会产生反应，而环境决定行动。在特定的条件下，人们可以对外界的各种刺激作出各种期望的响应，并在不断地重复中产生或消除各种复杂的行为。本杜拉提出了一种“社会性学习”的学说，它提出了人们通过对榜样的观察就可以学习到新的行为方式。师范榜样不仅仅是对真实人物的描述，还包括对文字符号、图像信息、语言描述、美术图像等方面的描述。行为主义心理学认为，人能够从周围的事物中直接获得知识，并认为榜样是德育的重要方法，这对于开展德育工作有着十分重要的参考价值。在高校开展的思想政治理论课实践教学中，通过发挥环境和榜样对人的影响作用，有利于大学生形成正确的世界观、人生观和价值观。

四、现代道德教育观的理论基础

美国著名教育家杜威提出并实践了以“做中学”为中心的实用主义教育思想，注重个人的体验和个人的能动性，尊重人们感兴趣的经历和需求，注重创意与人格的培育。杜威等人的实用德育观主张，在学校中，除了教导学生有关品德的知识外，还强调如何使品德的知识被学生掌握，从而对学生的行动起到积极作用。德育的目的、德育的内容、德育的方法等都要与现实生活相联系。在进行道德教育时，要根据孩子的天性和欲望来进行道德教育。人文主义德育学说的代表作家——美国心理学家罗杰斯提出，个人实践是人类最根本的需求，也是人类自然发展的趋向。因此，在德育过程中，教师要坚持以学生为主体，构建融洽的师生关系；仔细地聆听学生心中的想法、耐心地接纳他们的建议，对他们不批评、不压制。这些现代道德教育观成为高校思想政治理论课实践教学的理论基础和渊源。

第二章

我国高校思想政治理论课实践教学现状

第一节　高校思想政治理论课实践教学的重要性与意义

一、高校思想政治理论课实践教学的重要性

（一）加强实践教学，是思想政治理论课与时俱进的需要

随着中国特色社会主义市场经济体制的建设和完善，人们的思想观念发生了巨大的变化。在这样的背景下，如何适应新的形势和问题，掌握马克思主义的基本思维方法，是当前思想政治理论课教学的重要任务。首先，我们需要认识到，思想政治理论课需要不断适应变化，与时俱进。改革开放的新形势为马克思主义理论的发展创造了更好的条件。这就要求我们不断更新教材和教学方法，使课程紧贴时代发展，贴近学生实际。其次，思想政治理论课的实践教学有现实基础。大学生应该在实践中掌握马克思主义的基本思维方法，提高解决问题的能力。这不仅是对学生个人发展的需要，也是对社会和国家的需要。因此，在课堂理论讲授和社会实践中，我们应当结合起来，让学生在实践中更好地理解和运用理论知识。最后，我们需要强调的是，思想政治理论课的教学目标是培养学生的综合素质和创新能力。只有这样，才能更好地适应新时代的要求，更好地为社会和国家发展作出贡献。

（二）加强实践教学，是高校创新发展的需要

加强实践教学是高校创新发展的需要，为了培养学生的实践能力和综合素质，高校应该将学习、实践和能力有机地结合起来。高校的教学目标是培养学生的综合能力，这需要注重知识、能力和素质的协调。思想政治理论实践教学的目标是培养学生的理论素养和道德素养，让学生在实践中提高政治素质、思想素质和实践能力。

加强思想政治理论课的实践教学是高校课程建设的重要内容。在实践教学中，学生可以将所学的理论知识应用到实践中，提高自己的实践能力和解决问题的能力。同时，思想政治理论课的实践教学也是应用型、创新型人才培养的需要。

（三）加强实践教学，是促进学生全面发展的需要

1. 提升大学生的综合素质

随着国家经济发展的不断壮大，人才的竞争也越来越激烈。在这种情况下，人才的综合素质成了决定个人对社会贡献率大小的关键因素。因此，提高大学生的素质和能力，培养他们成为高素质的人才，已经成为我国高等教育的重要任务。我国高等教育的重要任务有两个方面。首先，要提高大学生的专业知识和技能，为他们的未来职业发展打下坚实的基础。其次，也同样重要的是，要不断提升大学生的思想道德素质、科学文化素质以及劳动素质和身心素质。只有这样，才能培养出全面发展的高素质人才。为了实现这个目标，大学生需要从实践中不断学习各种知识，掌握各种技能。同时，还需要注意身心健康的培养，保持积极向上的心态。

2. 锻炼大学生的实践能力

大学生的实践能力就是指大学生解决问题的能力。大学生学到的知识可以在社会实践中得到证实，从而可以强化他们知识与技能的针对性应用和训练，帮助他们了解、熟悉社会各种行业、职业资格认定标准和角色活动领域以及所需的各种专项技能，并将这些要求作为培养与提高自己实践能力的参照指标。同时，通过实践教学还能有效锻造大学生的分析判断能力、控制评价能力、决策执行能力等情景实践能力，全面推动大学生积极追求综合实践能力。

3. 完善大学生的人格

健康的人格对一个人的成长成才和社会皆具有积极的意义，处于“成人早期”的大学生，虽然人格还具有较强的可塑性，实践教学对于促进大学生准确定位自身价值，对于不断培育大学生的奋斗目标，强化他

们的道德责任感,并使其形成良好的情绪自控能力具有重要的意义。

(四)加强实践教学,是提高思想政治理论课德育实效性的需要

传统的思想政治理论课教学采用灌输的教学方式,侧重对重要概念和原理的讲解,分析也停留在理论分析。所以造成了理论与实践的脱节,德育实效性不高。实行实践教学,把教学、教学与学生、社会的实际结合起来,引导学生在实际生活中找素材,在实践中接触社会、探究社会、发现问题、解决问题,从而提高思想政治理论课的道德教育,增强德育的实效性。

(五)加强实践教学,是有效促进社会繁荣昌盛和国家创新发展的需要

高素质创新型人才是推动社会发展和国家进步的关键力量,而高等教育是为社会输送高素质创新型人才的有效路径。作为一项国家工程、社会工程、合力工程,思想政治理论课实践教学可有效促进社会的和谐稳定和繁荣发展,满足社会人才的新需求,引领社会生活的新风尚,促进社会文化的新发展,夯实创新型国家建设的基础。

1. 满足社会提出的人才需求

目前,全球范围内的国家间的竞争日趋白热化,每个国家都在努力提高自己的经济和综合国力;而事实上,国家与国家之间的竞争,其本质是科技与人民的质量与水平的提高,这就说明了现代社会中人才的重要地位。人是社会发展中最具活力和最具变革力的生产要素。人是决定社会生产力水平的关键,确切地说,社会生产力水平的好坏取决于掌握知识、运用知识、创新知识的人,即高素质创新型人才是推动社会发展的核心动力。高校是我国自主知识产权制度建设的核心。高等学校是为社会提供与其发展相适应的人力资本,而其所提供的各种人力资本也是为其提供的。高校思想政治理论课的实践教学,是指由学生自己主动参加的一种自我教育、自我发展的一种教育活动,它能够对学生的创造力和实践能力进行有效的教育,能够使学生更好地了解社会,为社会提供更多的信息。一方面,大学生凭借自己的专业知识和庞大的团队,积极投入到社会中,在此过程中,他们可以把自己所掌握的专业知识和

技能运用到自己的身上，从而大大地补充了社会上对高层次人才的缺乏，从而产生良好的经济效益、人才效益和社会效益。另一方面，大学要以社会对人才的需要为基础，将理论与实际相结合，在实际工作中，对学生的管理能力、沟通能力和创新能力进行培养，这种方式既能够提高学生的职业能力，又能够让他们适应社会对人才的需要。

2. 推动社会文化的新发展

伴随着科技的进步，人类在物质上得到了极大的发展，然而，在物质上的进步也带来了人的异化。人们开始过分地追求物质，以为高质量的物质生活就是一种美好的生活，而对精神文明的建设则严重忽视。同时，以唤醒新的商品拜物教的情感为宗旨的大众文化也顺势崛起，对世界产生了进一步的束缚、限制和迷惑，从而造成了社会发展动力的缺失和人们的精神家园的衰落。思想政治理论课用理性的思想点亮现实，用科学前瞻性的思想规划未来。在实践教学中，这些“象牙塔”里的优秀人才，他们有着新的思想观念和较高的文化素养，他们可以在实践教学中增长才干，磨炼意志，培养人格。另一方面，大学生们利用实践，站在了时代的前列，他们要做一个时代的奋进者与开拓者，还要坚定自己的信仰，并将自己所掌握的丰富知识和精湛本领进行应用。新知识、新理论和新观念在时代潮流中的传播，促进了先进文化和社会主义精神文明的发展。

二、高校思想政治理论课实践教学的意义

（一）引导大学生树立正确的道德观

在对高校学生进行思想政治理论教育时，如果仅仅依靠课堂上的理论灌输，并不能达到良好的教育效果。因此，必须进行适当的实践教育，才能推动大学生将正确的理念内化，并将其表现出来。思想政治理论课实践教学的目的之一就是提升大学生的品德修养。如果只在教室开展理论性的道德教育而忽视或脱离了真实生活，那么德育的实施成效将会受到考验。而学生的接受也仅仅是停留在知识的层次。例如，在这门课中的职业道德这一节，需要学生到工作场所，亲身经历，才能更加深切

地体会到职业道德的重要性。

（二）提高大学生分析问题、解决问题的能力

在实践活动中，学生可以通过亲身体验，感性认识理论知识，从而更加深刻地理解和掌握它们。实践活动还可以帮助学生发现问题、解决问题，培养他们的实践能力和实际操作能力。

在实践活动中，学生难免会遇到各种问题，这时老师应该及时进行现场指导，纠正和拓展学生的思维。老师不仅要传授理论知识，还要帮助学生将理论知识转化为实践能力，让学生学以致用，提高他们的实践能力。

在实践教学中，引入具体真实案例也是非常重要的。通过解答学生的疑问，引导他们树立正确的价值观和高尚的道德品质。通过具体案例的分析和讨论，学生可以更好地理解和应用理论知识，更好地掌握实践技能。

实践教学还可以传播正能量，帮助学生更好地分析和解决社会问题。在实践活动中，学生可以深入地了解社会问题，分析问题的根源和解决方法。通过实践活动，学生可以学习到如何对待社会问题，如何为社会作出贡献，从而成为对社会有用的人才。

（三）培养大学生的实践精神和创新能力

思想政治理论课的实践教学是大学生学习的重要组成部分。这种教学方法是有目的和有计划的，旨在帮助学生更好地掌握理论知识，并将其应用于实践中。同时，大学生参与实践教学活动也是有目的的。他们可以通过参与课外实践活动，主动观察并分析社会事件或现象。这种观察和分析能力是非常重要的，因为它能够帮助学生更好地理解社会现象，并更好地把握社会变化的趋势。

在实践活动中，大学生会按照自己的需要或偏好收集和处理各种信息。这种信息收集和处理能力是非常重要的，因为它能够帮助学生更好地理解现实问题，并为解决这些问题提供有力的支持。此外，大学生会更主动地参与社会实践活动，并结合自己掌握的理论知识分析现实问题。这种分析能力是非常重要的，因为它能够帮助学生更好地理解现实

问题,并为解决这些问题提供有力的支持。

实践教学可以锻炼大学生的实践精神和创新精神。实践活动中,大学生需要付出很多努力,从而锻炼出实践精神。同时,实践活动也需要大学生发挥创新能力,从而锻炼出创新精神。这些能力是非常重要的,因为它们能够帮助学生更好地适应社会的变化,并为未来的职业发展做好准备。

(四)加强思想政治理论课的渗透力

随着经济全球化和改革开放的加速,社会正在经历着多元化的变化。这种变化不仅仅体现在经济、文化等领域,还更加深刻地影响着大学生的世界观、人生观和价值观。

多元化的价值观和思潮不可避免地进入了校园,这也导致了当代大学生的人格特征出现了新的变化。他们的思想可能会变得单纯,认知可能会变得片面,情感也可能会异化,意志也会变得薄弱,交际也会变得困难。这些变化,都是多元化和全球化的产物。

为了解决这些问题,高校需要加强思想政治理论课的实践教学环节。这样做有利于引导学生明辨是非,增长才干,提升内在素质,实现自我教育,切实增强教学的渗透力。只有这样,才能真正提高学生的综合素质,让他们更好地适应多元化社会的发展。

(五)提高思想政治理论课教学的说服力

传统的单一形式的课堂教学难以吸引大学生的兴趣和激发他们的学习热情。因此,越来越多的教育工作者开始尝试通过实践教学来丰富思想政治理论课的教学内容。实践教学可以让大学生切身体验社会和现代化建设中的问题,通过亲身参与,他们可以更加深刻地理解马克思主义理论在社会实践中的应用。让他们深刻体会马克思主义理论及其最新理论成果在推进社会进步中的强大生命力。实践教学可以促进理论知识内化为大学生的思想观念,可以促使他们灵活运用理论知识分析和解决问题,逐渐形成正确的世界观、人生观和价值观。从而真正做到真学、真懂、真用。

（六）突出主流引领的感染力

实践教学不仅可以让学生走出课堂，更可以让理论课教师走出课堂。通过实践教学，教师们可以更好地理解和感受讲授的内容，这有助于他们保持教学热情，更好地感染学生。同时，只有教师们深入实践，才能更好地理解学生的需求和情况，从而更好地指导学生。实践教学还可以提高教学效果。有感染力的教学可以从理性与感性两个层面引导学生，让学生在知识的学习和理解中更好地体验到学习乐趣。这样的教学方式可以让学生更好地掌握知识，提高学习效率。相比于只关注理论知识的讲授，实践教学可以更好地帮助学生理解知识的应用和意义。只关注理论知识的讲授往往会导致教学内容空洞，引起学生逆反心理。而实践教学可以让学生更好地理解知识，让学生更好地认识到知识的实际应用价值。

（七）促进实践经验转化为理论认识

随着教育改革的不断深入，思想政治理论课实践教学逐渐成了有效补充课堂教学的一种方式。实践教学的核心在于将理论教学与实践活动相结合，帮助学生将所学理论知识应用到实际生活中并加以实践，从而提高学生的实际能力和综合素质。

实践教学的开展需要遵循课程教学要求，充分考虑学生的实际情况和兴趣爱好，指导学生组织开展社会实践活动和各类社团活动。教师需要根据学生的不同需求进行项目的选择和设计，充分发挥学生的主体性和创造性，让学生在实践中感受到理论知识的实际应用和价值。

教师在实践教学中的作用至关重要，不仅需要对学生的实践活动进行指导和监督，还需要认真批阅学生撰写的实践心得体会，并进行必要的点评和分析，引导学生深化对课堂理论教学内容的理性认识。同时，教师还要关注学生的实践过程和实践成果，及时发现和解决问题，提高学生的实践能力和综合素质。

教师要及时对实践教学环节的实施情况进行归纳总结，不断提升对实践教学的设计与组织能力。同时，教师还需要从实践教学中发现教学问题和不足，积极探索教学改革和创新，提高教学质量和效果。

教学主管部门要定期开展教学改革、教学方法研讨会，总结交流实践教学经验，促进思想政治理论课教师理论素养、学术修养和教学能力的整体提升。同时，教学主管部门还需要加强对实践教学的管理和指导，为实践教学提供更好的支持和保障。

第二节　我国高校思想政治理论课实践教学存在的问题

一、没有给予实践教学充分重视

近年来，各大高校已经注意到了思想政治理论课实践教学的重要性，也逐渐在课程安排中加入了实践内容，但是在实施过程中实践教学还是没有得到足够的重视，导致思想政治理论课实践教学始终处在“口头重视、实际忽视”的尴尬状态。

（一）学校管理部门缺乏顶层设计

要想在高校中顺利地进行思想政治理论课实践教学，必须要有足够的人力、物力和财力来支撑，这就需要高校管理机构做好顶层设计，制定出一个整体的规划，在各个方面给予全面的支持。在许多学校中，在实践教学的实施中，大部分都是以思想政治理论课教学部门的课程组织为主导的，因为课程组在调度人、财、物的能力方面存在不足，这就造成了实践教学的困难。

（二）思想政治教育工作者重理论、轻实践

思想政治理论课专任老师和学工队伍在思想政治理论课课程认识上存在“重理论、轻实践”的倾向。思想政治理论课专任老师注重课堂教学和课堂管理，对于课堂之外的实践教学开展缺乏重视，疏于对学生课外实践活动的指导与管理。学工队伍也缺乏对实践教学的参与和配合意识。

（三）大学生没有给予实践教学充分重视

一些学生对思想政治理论课存在抵触情绪，在参与思想政治理论课实践活动过程中缺乏主动积极的意愿，完成实践任务态度敷衍，未能达到通过实践坚定信念、提升素质的目的。这种不重视的态度充分体现在其提交的实践成果中，如调查报告和心得体会写得潦草马虎，格式混乱，别错字不时呈现，还有抄袭现象等。

二、实践教学的内容与形式较单调

内容丰富、形式多样是思想政治理论课的一个主要特点，唯有如此，才能引起高校学生的关注，使他们能够积极地参加实践。在实践中，能指导学生在实际工作中加深对理论的认识，从而坚定他们的道路、理论和制度自信；通过对自己国家的文化自信，我们可以进一步增强自己对中国梦的信心，为我们的民族事业注入新的活力。然而，目前我国高校思想政治理论课的实践性较差，形式较单一，内容较单一。尽管许多大学都在对思想政治理论课实践教学的具体实施方式进行了积极的探讨，并以指导学生参与社会调查、社会实践、参观访问等形式进行了深入的研究。在现实生活中，因为受到资金和人力的制约，只有部分学生可以在老师的指导下前往实践基地，进行集中的社会实践研究。大部分同学根据老师所设的课题进行了分散式的研究。由于没有老师的引导和各个环节的合作，使得开展分散研究的同学在研究中遇到了很多困难，而且大部分都只是一种简单的研究，没有进行深度的研究，调查研究成果质量参差不齐，在参观访问上，范围相对较窄，所指定的景点通常是红色革命景区和历史遗址，每年都要带领学生前往旅游，很难引起他们的兴趣。此外，在参观访问的过程中，经常没有向学生们事先做好有关的背景知识的了解，也没有为参观的内容设计相应的问题，这使得参观变成了一种流于形式的实践性教学，导致参观内容单薄，缺乏教学的深度和广度。

三、缺乏健全的实践教学运行机制

（一）缺乏有效的组织管理

第一，在开始阶段，常常缺乏全面分析和教学准备。许多教育机构缺乏对实践教学的深入思考和规划，导致实践教学的实施出现不足之处。因此，教育机构应该在实践教学之前进行充分的准备工作，包括对实践教学活动的全面分析、教学准备和课程安排等。

第二，实施阶段面临人、财、物矛盾。在实践教学实施过程中，教育机构往往会面临人员、财务和物资等方面的矛盾。这些矛盾给教育机构带来了很大的压力，并且可能导致实践教学活动的效果不佳。因此，教育机构应该在实践教学活动之前做好充分的准备，确保能够充分利用现有的人、财、物等资源。

第三，组织管理人员短缺，难以提供指导帮助。在实践教学活动之中，组织管理人员短缺可能会导致学生的实践教学活动无法得到充分的指导和帮助。因此，教育机构应该在实践教学之前加强对组织管理人员的培训和指导，确保他们能够有效地管理实践教学活动。

第四，缺乏对实践教学活动过程的控制引导。在实践教学活动过程中，教育机构往往缺乏对实践教学活动过程的控制引导。这可能导致学生在实践教学活动中出现问题，影响实践教学活动的效果。因此，教育机构应该在实践教学之前加强对学生的控制引导，确保学生能够有效地参与实践教学活动。

第五，学生自主分散实践形式，缺乏全程有效的引导和控制。在实践教学活动中，学生往往会自主选择不同的实践形式，这可能导致教育机构很难对学生进行全程有效的引导和控制。因此，教育机构应该在实践教学之前加强对学生的引导和控制，确保学生能够在实践教学活动中获得最大的收益。

第六，可能存在弄虚作假情况，影响实践教学效果。在实践教学活动中，可能存在学生弄虚作假的情况，这可能会影响实践教学活动的效果。因此，教育机构应该在实践教学之前加强对学生的教育教导，确保学生能够积极参与实践教学活动，并真正从中受益。

(二)缺乏完备的激励考核机制

考察实践教学的实效性必须对其进行科学有效的考核。

思想政治理论课实践教学需要完备的激励考核机制来提高教学的效果。这些机制包括奖励、评价和反馈等,可以帮助教师和学生认识到自己的优点和不足之处,从而不断改进自己的表现。通过这些机制,教师和学生可以更好地理解实践教学的目的和意义,从而更加积极地参与其中。然而,有些高校只注重对学生的激励,而对指导教师却未设置相应的激励内容。这种情况可能会导致教师缺乏积极性,从而影响实践教学的效果。因此,高校应该为指导教师设置相应的激励内容,鼓励他们更加积极地参与实践教学,从而提高教学质量。

(三)缺乏有效的监督评估机制

实践教学活动需要进行过程管理和严格监督,以确保学生的安全和教学效果,这也是保证教学质量的基本要求。同时,实践教学活动开展的成果需要进行合理、客观地评估,以便及时发现和解决问题,进一步提高教学质量。然而,根据实际情况,很多高校还未建立有效的监督评估机制,导致实践教学活动开展疏于管理,成果难以评估。这给学生的安全和教学质量带来了潜在的风险。更为严重的是,这种疏于管理的情况也会对教师的教学积极性和教学质量造成不良影响。此外,还存在形式大于内容的情况,即实践报告的格式、结构要求很明确,贯彻要求很严格,而对报告内容的要求却不高。这种情况下,学生可能只注重报告的形式,而忽视了内容的深度和广度。这样的教学方式不仅不能培养学生的思考能力和创新能力,还会让学生产生厌倦和反感的情绪。因此,为了更有效地开展思想政治理论课实践教学活动,高校应该建立完善的监督评估机制,加强对教学过程的管理和监督。

四、缺乏健全的实践教学保障机制

高校实践教学的有效开展需要资金和相关方面的支持,这是实践教学保障机制的重要组成部分。然而,缺乏经费支持、人员配合、实践基地协作是实践教学开展中普遍存在的问题。

在实践教学中,经费是非常重要的。没有充足的经费保障会导致无法实施规划设计的实践方案,达不到预期目的。因此,高校需要加强与政府、企业等相关方面的沟通和合作,争取更多的经费支持。

除了经费外,人员配合也是实践教学中必不可少的。没有相关人员通力合作会导致无法为实践教学活动创造有利条件,无法有效开展教学活动。因此,高校需要加强与实践教学相关的教师、行业专家、企业管理者等人员的沟通和合作,搭建沟通平台,共同推动实践教学的开展。

实践基地也是实践教学中不可或缺的一环。缺乏实践基地的紧密协作会导致学生的社会调查缺乏场所依托,难以深入进行。因此,高校需要积极寻找实践基地,与实践基地建立良好的合作关系,为学生提供更好的实践环境。

综上所述,为了促进思想政治理论课实践教学的有效开展,高校需要完善实践教学保障机制。

第三节　我国高校思想政治理论课实践教学存在问题的原因

一、对实践教学的认识不到位

(一)学校领导对实践教学的认识不足

一些学校领导对实践教学的认识不到位,导致实践教学形式化严重。他们只注重学生的理论成绩,忽略了实践教学的重要性。同时,部分高校领导只把实践教学作为理论教学形式,没有将其作为思想政治理论课的关键部分。这种情况下,实践教学很难真正发挥作用。另外,投入到实践教学活动的专项经费和教师数量也不够,使思想政治理论课实践教学停留在“只有其名”阶段。因此,学校需要加强对实践教学的重视和投入,提高专项经费和教师数量,让实践教学真正成为思想政治理论课的关键部分。

（二）思想政治理论课教师对实践教学的认识不足

第一，实践教学流于形式化严重。在实践教学中，一些教师只注重形式，而忽略了实践教学的本质和实际效果。他们认为只要让学生参与一些实践活动就可以，却忽略了实践教学应该达到的目标和效果。这种情况下，实践教学的效果不仅不好，而且会降低学生的学习兴趣和积极性。

第二，教师指导实践教学缺少动力。一些教师认为实践教学很累，不愿意投入精力去指导实践教学，那么，实践教学的效果就会大打折扣。

第三，教师对思想政治理论课实践教学的认识存在偏差。一些教师认为思想政治理论课不适合实践教学，认为这些课程只适合讲授理论。这种认识是错误的，因为实践教学可以增强学生的理论学习效果，帮助学生更好地理解和掌握理论知识。

第四，教师在指导思想政治理论课实践教学时态度不积极。一些教师在指导思想政治理论课实践教学时态度不积极，往往只是在课堂上简单介绍实践活动的内容，而不愿意深入指导学生实践活动的过程和方法。这样就很难达到预期的实践教学的效果。

第五，一些教师将类似课堂分组讨论等形式作为主流形式，限制了实践教学的开展形式。实践教学应该灵活多样，不应该局限于某一种形式。一些教师过于追求课堂分组讨论等形式，却忽略了其他实践教学形式的重要性。

（三）当代大学生自身对实践教学的认识不足

在进行思想政治理论课的实践教学时，要让学生能够独立、主动地参与其中，才能让教育教学顺利地进行，并取得理想的结果。当前，大部分大学生在思想政治理论课实践教学中缺乏主动性和积极性。究其原因，这是由于高校学生学习思想政治理论课实践教学的动机和需求不强，导致学生对思想政治理论课实践教学的认识出现理解偏差。受中国应试教育的制约，大学生一般都把提升自己的学业成绩和专业技能作为唯一的目的，这就造成了他们对实际工作中的思想政治理论课的了解程度较低，学习的热情也较低。

(四)家长和社会对实践教学认识不足

思想政治理论课实践教学是目前高校教学改革的一个热门话题。实践教学需要引导学生走出课堂，这也是实践教学的最大特点，然而，很多家长却认为学校不应该将大把的精力放在实践活动上。再加上思想政治理论课实践教学需要一些单位和企业的支持与配合。由于社会上许多单位和企业对思想政治理论课实践教学的认识不够，不愿意配合学校开展实践活动，这给实践教学的推进带来了一定的困难。

二、对实践教学缺乏整体设计

在思想政治理论课的教学中，思想政治理论课的实践教学是一个不可或缺的环节，其中包含了很大一部分的课外活动，所以其组织过程要比传统的理论教育更加复杂，而不是一种临时的决策活动；它不是一种个人参与的短期活动，而是一种集体参与的长久的实践过程。所以，与理论课相比，必须制定出一套详尽、标准化的教学计划，以避免实施中出现的盲目性；确保每次实施实习的目的都能达到。

当前，我国许多高校在进行课程实施时，往往流于形式，缺乏具体的课程实施方案，从而影响课程实施的效果。部分专业课程设置不够细致、标准。目前，我国很多大学都没有把思想政治理论课实践教学作为一项必修课来进行，且多数都是以“短训式”为主。但在实际操作过程中，仍有许多令人费解的问题。缺乏对现实生活的引导，使对某些社会现象的深入剖析变得困难。在教学中，要对学生的思想与需求进行针对性的教学。在每一次实习中，必须确定实践内容，选取适当的实践教学方式，并做好实践教学的各个环节；制定详细的实习教学计划和实习教学的具体方案，合理地安排实践教学的实施，在很多领域，都要制订出规范的规划，并要制订出严谨的执行方案，保证每次实践教学都可以规范有序地进行，防止在实际操作中出现问题。

三、对实践教学缺乏过程管理

高校思想政治课的实践性较强，但学生的主动性较差。在高校中，学生进行实习，尤其是在学校以外进行实习是一件非常困难的事情。通过对这些问题的研究，我们认为产生这些问题的根本原因在于没有建立起一套科学的企业经营管理制度。为此，我们主要从以下三个层面展开研究。

（一）思想政治理论课实践教学体系建设有待完善

近年来，随着高校教育的不断发展，思想政治理论课实践教学却出现了一些问题，其中最主要的问题就是流于形式，缺乏实质性的内容。流于形式的思想政治理论课实践教学主要原因是缺乏体系建设。在教学体系不完善的情况下，教师难以系统地开展教学活动，学生也难以获得有效的学习成果。因此，教学体系的完善对于思想政治理论课实践教学的顺利进行尤为重要。然而，目前高校在教学管理、教学体系建设等方面存在问题，思想政治理论课实践教学的相关研究也较少，一直处于空白状态。在这种背景下，缺乏完善的思想政治理论课实践教学体系将导致实践教学活动实施困难。

（二）思想政治理论教研组之间缺少沟通

在思想政治理论课实践教学活动中，我们发现一个普遍存在的问题就是重复参与。这种情况的出现，往往与理论教师的工作密切相关。因为理论教师在实践教学活动中担当的角色是协调者和组织者，他们应该对每一个教学环节进行仔细的规划和安排，避免重复参与的情况。

此外，各教研组教师之间缺乏必要的沟通和详细的教学计划也是导致重复参与的原因之一。在实践教学活动中，教研组教师应该密切配合，共同制定详细的教学计划，明确每个教师的任务和职责，避免出现重复参与的情况。只有这样，才能确保实践教学活动的高效开展。

（三）思想政治理论课实践教学缺乏科学的评价体系

缺少评价体系制约学生参与思想政治理论课实践教学活动的动力。当今社会，思想政治理论课的重要性越来越受到人们的关注，而实践教学则是加强学生思想政治教育的重要方式。然而，由于缺少评价体系，学生参与思想政治理论课实践教学活动的动力受到了制约。因为学生们缺乏对实践教学效果的评价和认可，他们在实践教学中的积极性和投入度会受到很大的影响。因此，建立完善的评价体系是规范思想政治理论课实践教学的重要措施之一。

教学效果需要学生和教师共同配合营造。在实践教学过程中，学生和教师需要相互配合，共同营造一个良好的教学氛围，以达到最佳的教学效果。学生需要积极参与课堂讨论，提出自己的看法和建议，同时教师也需要给予学生适当的指导和引导，鼓励他们积极思考和探索。

学生上课缺乏积极性会影响课堂表现效果。学生上课缺乏积极性是实践教学过程中常见的问题。上课缺乏积极性的学生会导致课堂表现效果不佳，从而影响实践教学的效果。因此，学生应该更加认真地对待实践教学，积极参与课堂讨论，提出自己的想法和建议，增强自己的学习兴趣和动力。

四、教师的实践教学能力偏低

思想政治理论课实践教学对专业教师的实践能力和理论水平要求高，这是因为思想政治理论课是培养学生思想政治素质和综合素质的重要课程。教师需要更多的专业知识来分析和理解思想政治理论课实践教学的理论基础，但部分高校的教师认识不足，缺乏教学经验。

思想政治理论课实践教学教师需要具有较强的专业素质，但由于研究经费较少，教师参加培训更新知识的机会不多。这也导致了思想政治理论课教师青年化现象比较严重，在教学一线的大多数是年轻教师，且少数具有较高职称或思想政治教育专业背景。这种情况需要得到重视，应该加强专业培训，提高教师的教学能力和专业水平。

此外，部分高校会选择让部分应届毕业生来高校任教，这很难达到思想政治理论课实践教学的教学质量。因为这些年轻的教师还没有足够的教学经验和理论知识，无法胜任这样的教学任务。因此，高校应该注重教师的选拔和培训，确保思想政治理论课实践教学的质量和效果。

五、实践教学的保障机制不健全

在高校教育的过程中，实践教学是非常重要的一个环节。然而，实践教学的保障机制却不够健全，存在许多问题。首先，师资和条件都存在问题，这给实践教学的开展带来了不小的困难。其次，实践教学的指导教师大部分来自思政课教师，少部分来自辅导员，缺乏合力。这样一来，实践教学的指导质量难以得到保证，也难以满足学生的实际需求。

除此之外，实践教学所需的物质条件也没有得到充分的保障。有时候，场地和经费存在短缺或公开不透明的情况，这对实践教学的顺利开展造成了很大的影响。同时，实践教学基地建设不够，也影响了实践教学活动的顺利开展。这些问题的存在，导致学生在实践教学中无法得到充分的锻炼和体验，也影响了他们对实践教学的认识和理解。

另外，实践教学经费的不足也影响了其有效开展和运行。这不仅影响了实践教学的质量，还使教师的薪资没有提高，影响了教师的积极性。这些问题的存在，都给实践教学的开展带来了不小的阻碍。

第三章

高校思想政治理论课实践教学体系构建

第一节　高校思想政治理论课实践教学目标体系的构建

一、实践教学知识目标体系建构

没有知识，就不可能有发展。在各门学科的教学计划中，教授知识是一个重要的因素。任课教师运用适当的教学形式和教学手段，对理论知识展开提炼和分类，从而有助于学生对其理解和吸收。各种类型的课程，虽然在教学方法上各不相同，但其具体的教学目的却是相同的。构建实践课程的知识目标系统是实现实践教学高效运作的出发点。

（一）通过实践教学帮助学生更好地理解和掌握各门思想政治理论课中的有关知识

教师要把自己的理论知识传授给学生，让他们能够更好地了解并将其内化。一个完整的知识目标体系可以有效地帮助老师和学生明确自己的学习的要求和标准，从而进行有针对性的规划。对学生进行科学理念的教育，对学生进行价值观的培养，又不能与知识性的教授割裂开来，形成“灌输”“填鸭式”的教学模式。这不仅影响了老师的教育目的，也影响了学生对理论知识的理解，而且容易产生逆反和抵触心理。比如，2019 年，在一所大学的课堂上，老师们将《习近平在纪念中国人民抗日战争暨世界反法西斯战争胜利 70 周年大会上的讲话》的有关录像进行了集中收看，并从中提取了一些有关的资料片段，以便进一步加深对这些资料的理解。大学生应该铭记历史，缅怀先辈，认识和铭记中华民族全面复兴的重要意义，珍惜来之不易的胜利，努力学习，创造美好的明天。随后，对《关于新形势下党内政治生活的若干准则》中的一些内容进行了节选，使我们对党的奋斗历程有了更深刻的认识，并对其中宝贵的思想遗产进行了进一步的继承和发扬。

(二)通过实践教学拓展社会知识,了解参加社会实践的基本流程、方法和技巧

高校思想政治理论课的实践教学也有其自身的特点,它在要求学生对概念性的知识和基本原理及基本规律有基本的认识的基础上,到社会实践中去体会和体验,在实践中将理论知识融会贯通。所以,在开展实践教学的时候,我们要格外关注学生的获得感,让他们能够在实践教学的过程中,准确地了解和掌握那些需要学习的东西,从而提高实践教学的效率;以使学生学习、掌握马克思主义的世界观和方法论,并使其内化于心,外化于行。

二、实践教学能力目标体系建构

虽然在高校思想政治理论课中,讲授知识是其主要目的,但在讲授理论知识的过程中,更应注意对其进行实际操作。在实践中,教师应注重"授人以渔"。所以,构建实践教学能力目标是为了让学生能够从对书本的理解转变为对实际的运用,它是帮助学生进行全面发展的一个重要的依托。在实习过程中,经过多次的体验和经历,可以让学生在技术和技巧方面获得一些经验,这样不但可以让他们的表达能力、组织能力、判断能力得到提升,还可以让他们的生活技能得到提升。同时,实践教学是一种探索和启发式的活动,它在满足学生对知识的追求的同时,也可以促进他们的创新。这样,才能将"学"与"用"相结合,达到由"学"到"用"的转变。在大学思想政治理论课的实践教学中,必须让学生明白,只有将课本上的知识与现实生活相联系,他们才能对理论产生深刻的领悟,从而提高自己,促进自己的发展。

(一)锻炼学生的创新能力和组织能力

实践教学与理论教学最明显的区别之一在于它强调了学生的自主性,强调了他们的主体地位。在实际的教学中,老师应让学生亲力亲为地参加,并采取恰当的指导、协助等方式来激发他们的主观能动性。只有在这种情况下,学生的积极性和主观能动性才能在实践中获得真实的

收益。实践教学的总体运作是非常繁杂的,让学生对具体的活动进行预先规划,以提高学生在实践中的"主人翁感",提高学生的自学水平,并将其融入其他学科的学习中去。实践活动的后期,在组织安排过程中,特别能够充分地调动学生的主观能动性,在实际的操作过程中,指导学生去发现问题,并共同努力去解决问题。通过这种方式,不仅可以提高学生的组织能力,而且有利于培养和锻炼他们的逻辑能力,还可以增强他们对计划组织活动的整体意识,提高学生的创造力,让他们不再被课本和固定的模式所束缚,培养他们的思考和发散的能力。比如,2020年,在一所大学进行了一次教育实践,并由学生创作并拍摄了名为《我是志愿者》的短片。学生们借来了一台单反相机和一个架子,将自己每次的彩排都记录了下来,以此为短片的素材,然后利用Pr编辑软件将短片的素材进行了编辑。学生们采用简单的方式,对这些小视频进行了记录,以此来向每个人表示,做一名优秀的志愿者,不仅要有一颗爱心,还需要有足够的耐心和坚持。在这部短片的制作中,学生充分体现了他们的自我管理和安排的能力。通过对活动的策划、组织和完善,使学生们在参与活动的同时,也使学生们感受到了实习的快乐。

(二)培养学生解决问题的能力和学术能力

对大学生来说,大学校园是他们生活中最熟悉的地方,而实践则是他们走出校园,走向社会的绝佳机会。老师会带领学生到周边的社区、村庄进行访谈、调研,使学生了解书中的真实世界。通过探访、调研等形式,既能拓宽学生的眼界、认识,又能更深入地认识目前的社会状况。在调研完成后,由学生进行相应的研究。这样既可以增强学生在研究过程中的获得与感受,又可以提高他们的学习与研究能力。在进行横向转移的过程中,实践教学可以让学生在各个方面都得到全面的发展,从而提高他们的综合素质,还可以对他们的全面发展、全面成长起到积极的作用。

以某高校为例,在2019年度的课堂上,老师带领学生对宁夏银川市西夏区镇北堡镇过去20年来发生的变化进行了调研。学生被分成三个部分来进行调研,首先,学生在与当地政府官员的交谈中,对镇北堡镇过去10年来的社会经济状况有了一定的认识,其中主要有当地人均国内生产总值的变化,居民生产方式的变化,以及人口的出生率、死亡率等方面的数据；工作人员的数量，社会福利的数量，都在统计之中。其次，学生对镇北堡镇的幸福家苑居民进行了家庭访问，了解了居民的收入、工作方式、家庭消费等方面的变化情况。最后是对整个调研数据的整理、统计与分析。在完成调查后，学生写了一份有关的调查报告，对其进行了详尽的分析，并对其中存在的问题展开了剖析，并给出了四条对应的政策和建议：一是要根据当地实际情况，发展文化和经济；二是加强领导和群众之间的沟通；三是制定科学的生态计划；四是要正确运用协同机制和网络策略。

三、实践教学情感态度价值观目标体系建构

（一）注重价值观的教育

高校思想政治理论课作为培养大学生的主阵地，对学生价值观的形成有着非常重要的影响。思想政治理论课的实践教学既可以加深对价值观的导向教育，又可以促使大学生培养成与社会主义核心价值体系相一致的正确价值观，内化为自己的思想意识，外化为自己的言行，从而养成良好的行为习惯。要实现这一目标，必须在高校思想政治理论课程中充分发挥其价值导向功能。以一名大学老师为例，在课堂上，老师以《建党伟业》《唐山大地震》两部电影为主题，让学生自己欣赏。学生在自己的感想中写道："中国共产党成立一百年，历经风雨，历经磨难，最终走到了光明的道路上。我们应该像几代共产党员那样，坚守初心，勇往直前，不畏艰险；为了国家的繁荣，我们必须肩负起责任。"并写道："无论唐山大地震或汶川大地震，我们的军队总是站在第一线。他们不畏艰险，甘愿为百姓服务，是平安稳定的标志，是百姓的守护神。"这样一种实践教学的形式，既可以提高学生的学习兴趣，又可以让他们在心灵中感受到巨大的冲击和情感，从而逐步建立起正确的价值观。

（二）促进学生的认同接受

思想政治理论课程的主要任务是对学生进行思想政治教育和道德教育，在实践中，可以更好地提高学生对所授课程知识的理论认同、政

治认同和情感认同，从而推动学生的行为养成。以广东省韶关市碧桂园社区调研为例，在某一年的大学课堂上，老师引导学生对社区居民的社会安全状况进行了问卷调研。同学对韶关碧桂园地区的四个居民点进行了实地考察，进行了量化分析，并对其进行了随机抽样和综合问卷的研究。制作了一份纸质的统一调查，调查的内容有：对社会安全感的满意度，对社会安全感的最大看法，对目前提高社会安全感的战略和政策，对社会安全感的期待和意见等。针对目前存在的问题，这里给出了以下应对措施和建议：从个人方面来说，提升个人对社会的重视程度，不要当一个陌生人，提升自己的法律知识的基础；从企业方面来说，企业要有责任心，做好工作，确保职工的安全；从国家方面来说，加强对社会治安的监督管理，健全了社会治安的政策体系；从教育教学方面来说，加强宣传，提高公众对治安的认识水平。此次问卷的实施，提高了大学生对社会保障的认识，提高了对相关政策和措施的认识。

（三）注重情与理的交流

思想政治理论课的实践教学的过程和内容必然是一种人与人之间的相互影响、情感与理性之间的沟通，情感与心灵是一种有着自身固有的召唤力和凝聚力的事物。因此，在思想政治理论课程的实践教学中，必须重视情感与理性的沟通，重视对学生理智感、道德感、美感的培养。比如，在某高校的课堂上，老师就曾安排了一次对重庆著名木刻名家谭明华的访谈。谭大师在访谈中谈到了他对木雕的喜爱，他在木雕二十多年中的经历和体会，以及他对木雕特别是根雕的理解、传承、创新等问题的看法，并提出了他对新一代年轻人传承与发展的希望和意见：唯有年轻人参与到对这些宝贵的文化遗产的传承之中，并积极地拥抱我们的这些艺术，我们在传承与发展的道路上，才能够走得更远，才能够达到“文化强国”的目的。学生们获益良多。

第二节　高校思想政治理论课实践教学内容体系的构建

一、“适应教育”模块之实践教学内容体系建构

（一）关于适应大学学习的实践教学

相比于中学阶段的学习，大学阶段的学习涵盖了更广泛的知识领域和更深入的专业知识，因此需要更强的学习能力。同时，大学生活也不同以往，需要更高的自我管理和自我约束能力。因此，大学生需要提升自身适应能力，树立自立自强、自信自律的生活意识。这包括良好的时间管理、自我约束、自我激励和自我鼓励。同时，大学生活的中心内容是学习，应尽快适应大学阶段的学习形式和内容。学生应主动参与课堂，积极思考、交流和合作，以便更好地理解和掌握知识。

对于教师而言，他们应该帮助新生树立自主学习、全面学习、创新学习、合作学习、终身学习的学习理念，应该为学生提供良好的课堂环境、教学资源和指导，帮助学生更好地适应大学阶段的学习和生活。

最后，大学生应该在学习和成长过程中确定好自己的发展方向，利用好大学时间，培养成一个适应发展要求的高素质人才。这需要学生在学习和生活中不断提高自己的能力和素质，同时也需要积极参与社会实践和实习，增加自己的经验和实践能力。只有这样，学生才能在大学学习和生活中获得更多的收获和成长。

（二）关于肩负历史使命的实践教学

大学生是社会建设和发展的中坚力量，肩负着使命。作为新时代的大学生，我们要坚定信仰，坚持中国共产党的领导，实现“两个一百年”奋斗目标，为实现中华民族伟大复兴的中国梦而奋斗。我们要在学习中

不断进步，在实践中不断成长，在坚持中不断前进，为实现我们的人生价值而努力。

例如，某学生在参加学校组织的参观学习渣滓洞、白公馆的活动之后，写下以下心得："我们会感受到红岩精神的力量。红岩精神是中国革命精神的重要组成部分，是中国共产党和中国人民在革命斗争中形成并发扬的一种优良传统。我们应该继承并传承红岩精神，将其注入我们的生活，将其化为我们实现自己价值的动力。"

总之，我们要以微薄之力，完成自己的社会角色，为把国家建设成为富强繁荣的社会主义国家而努力。

（三）关于提升道德与法治素养的实践教学

大学生需要提升道德与法治素养，不仅仅是为了学习课业知识，更是为了更好地融入社会。然而，大学生中存在法治意识淡薄的情况，导致社会事件频繁发生。因此，越来越多的大学生意识到必须在实践教学中进一步提升道德与法治素养。思想政治理论课实践教学是提高学生道德与法治的有效途径，大学生应该积极参与各种实践活动，提升自己的综合素质。例如，某高校组织开展"纠风行动"提醒人们遵守交通规则。"纠风行动"是一项非常有意义的实践活动，为大学生提供了一个提升道德与法治素养的平台。这项活动包括四个方面的建议，分别是在社区、公园等人流密集场所加大对横穿马路的危害性的宣传；在马路两边设置"小红帽"志愿者，对人们过马路进行引导；在车流人流汇集的地点增加醒目的交通标示；在学校等公共场所组织人们集中学习交通规则，观看视频，深入了解违反交通规则的危害。通过这种实践教学，既能够增加学生的交通安全意识，同时还能够提升学生自身的思想素质。

二、"思想教育"模块之实践教学内容体系建构

（一）坚定理想信念的实践教学

大学生的实践教学活动应用是非常重要的，因为它有助于引导学生坚定共产主义远大理想、中国特色社会主义共同理想，信仰马克思主

义，坚定“四个自信”。实践教学活动包括主题辩论、小组讨论、影视剧赏析、红色基地参观等，这些活动能够激发学生的思考和创造力，帮助他们理解和掌握重要的理论知识。

在实践教学中，学生还可以将个人梦融入中国梦，并为之不懈努力。这意味着学生应该将自己的理想和抱负与国家和民族的发展联系起来，努力为国家和民族的繁荣做出贡献。例如，某高校的实践教学中，学生选读了《毛泽东文集》。通过线上阅读、对印象深刻的段落进行摘抄、联系相关历史记录心得体会等活动，学生们深入了解了毛泽东思想的核心内容和历史背景。感悟毛泽东思想的伟大，做好自己，为中国发展贡献一份力量。

（二）爱党爱国的实践教学

在当代社会，大学生应该以更加严格的标准要求自己，不仅要在学习上努力拼搏，还要注重内外兼修，做一个坚定的爱国主义者。这是大学生的基本义务和作为时代新人的必要条件。因此，大学教育应该注重爱党爱国意识的培养，为学生提供更多的实践教学内容，培养他们的爱国情感和对革命先辈和中国共产党的了解。

教师在教学中，应该加强关于爱党爱国的实践教学内容，通过播放红色影视作品或纪录片等方式深化学生对革命先辈和中国共产党的了解。这些影视作品可以让学生更加直观地了解党的历史和发展，深刻体会中国共产党为人民所做出的巨大贡献。例如，教师可以组织学生集中观看红色影视作品，如《建国大业》等，让学生更加深刻地了解中国共产党的奋斗历程和革命精神。同时，教师还可以引导学生参加各种爱国主义活动，如参观革命历史纪念馆、走进社区进行志愿服务等，让学生在实践中感受到爱国主义的力量。

（三）培育和践行社会主义核心价值观的实践教学

作为时代的重要力量，大学生应该形成正确的价值观。为了帮助学生融入社会主义核心价值观，实践教学是必不可少的。举个例子，观看红色影视作品《南京！南京！》并撰写观后感，可以帮助学生更好地了解历史，感受爱国情怀。

同时，我们也应该珍惜生活，把握人生。我们要明白，一个人的人生很短暂，应该时刻保持积极向上的心态，不断追求自己的梦想和目标。在追求自己的梦想的同时，我们也要居安思危，记住“落后就要挨打”的道理。我们应该时刻关注国家的发展，为国家的未来而努力奋斗。大学生作为当代和未来的主力军，应该为国家的发展贡献自己的力量。

三、“道德教育”模块之实践教学内容体系建构

（一）组织开展道德教育活动

道德教育是一种非常重要的教育形式，它不仅可以培养学生的道德认知和道德情感，还可以激发学生的实践教学兴趣和参与意识。将道德教育活动与实际生活相结合，可以更为有效地达到这一目的。

在实践教学中，学生可以亲身参与到各种活动中，例如组织学生到贫困地区了解现状，进行扶贫、扶志、扶智的活动。这样做可以让学生更加深刻地认识到社会的不公和贫困人民的处境，从而产生强烈的道德情感和责任感，同时也可以培养学生的社会责任感和奉献精神。

此外，还可以重温入党誓词，观看我党建立初期的纪录片或影视作品，开展“传承文明”的实践活动等。这些活动可以让学生更好地了解我国的历史和文化，激发他们的民族自豪感和爱国情感，从而更好地培养学生的道德认知和道德情感。在学校教育中，以授课的方式向学生介绍尊敬长辈这一优良传统，也是一种很好的实践教学例子。尊敬长辈是中华民族的传统美德，学生通过学习尊敬长辈的相关知识，可以更好地了解这一美德的意义和价值，从而更好地培养学生的道德观念和价值观念。

（二）加强道德教育阵地建设

道德教育阵地是思想政治理论课实践教学的重要平台，因为它为学生提供了一个可以学习和体验道德教育的场所。这些阵地可以是学校、社区、博物馆、公园等公共场所。道德教育阵地建设旨在为学生提供一个全面的道德教育环境，帮助他们培养良好的道德品质和价值观念。

整合社会资源开展道德教育实践教学活动是重要措施。通过整合社会资源，学校能够更好地开展道德教育实践教学活动，提高学生的实践能力和道德素质。这些资源可以是社会组织、志愿者、企事业单位等。这些资源可以为学生提供更加丰富的道德教育活动，如志愿者活动、社会实践、文化体验、助人为乐等。

道德教育阵地建设能增强道德教育实践教学的现场感、情境性、体验性、触动性。道德教育阵地建设可以让学生更加深入地体验道德教育，使他们更加直观地感受到道德教育的重要性。这种体验可以让学生更加深刻地理解道德的内涵和价值，更加坚定地树立正确的道德观念。

与政府联动合作创办教育基地是一种道德教育阵地建设的方式。政府可以投入一定的资源和资金来支持学校和社会组织建设道德教育基地。这些基地可以是博物馆、图书馆、公园等公共场所，为学生提供一个更为丰富的道德教育环境。政府与学校和社会组织的联动合作，可以更好地发挥各方优势，实现资源共享，共同推进道德教育阵地建设。

实践教学中参观博物馆等活动能够激励学生努力学习，创造更加幸福美好的生活。博物馆等文化场所可以为学生提供更加直观的历史文化体验，让学生更好地了解人类文明发展的历程。这种体验可以激发学生的学习热情和创造力，让他们更加有信心去创造更加幸福美好的生活。

四、“法治教育”模块之实践教学内容体系建构

（一）增强法治观念

随着我国不断发展，法治建设越来越受到重视。大学生是祖国未来的栋梁之材，他们的法治观念和法律意识直接关系到国家的法治建设。因此，大学生应该积极投身全面依法治国的实践，增强法治观念，为国家的法治建设贡献力量。

在走中国特色社会主义法治道路上，我们需要坚持依法治国与以德治国相结合。这就要求大学生不仅要了解法律法规，更要具备道德修养，用正确的态度、行为来推动法治建设，为社会和谐稳定做出贡献。

实践教育是增强法治观念的有效途径。大学生应该积极参加各种

法律实践活动，如模拟法庭、法律援助等，通过实践感受法律的力量和意义，加深对法治的认识和理解。

例如，为了进一步提升大学生的法治观念，某高校学生通过问卷调查提出了普法宣传教育、大众传播媒介利用、精神文明建设、政府立法质量提高等倡议。这些倡议的提出，将会促进法治建设的不断完善，为全社会的法治意识增长起到积极作用。

（二）培养法治思维

大学生的教育中，培养法治思维是至关重要的。这需要从法治价值和法治精神两个方面进行引导和锻炼。法治价值包括尊重法律、尊重规则、尊重权威和尊重公正等，而法治精神则包括法律意识、法律素养、法律知识和法律方法等。

为了提升大学生的法律意识和遵守法律规则的能力，思想政治理论课实践教学是一个很好的方法。通过实际的案例分析和实践操作，学生可以更好地理解法律和规则，并且学习如何遵守和应对它们。同时，学生也需要学会运用法律方法和理性思考处理现实问题，这是培养法治思维的重要环节。

一个典型的实践教学案例是某高校教师指导学生进行社会安全感现状调查分析。学生们通过深入的调研工作，发现了社会安全感的现状和问题，并提出了开展社会主义法治理念教育活动和安全教育活动的建议。这些活动旨在提升居民的自身素质和自我保护能力，使其在遇到危害自身安全的事件时有能力自我保护，不畏惧犯罪。

（三）尊重法律权威

法律具有特殊的影响力和公信力，公民有义务维护法律的权威。因此，引导学生尊重法律权威是十分必要的，这可以通过旁听、专项调查等方式实现。

为了更好地培养法治精神，某高校组织师生赴当地法院进行实践教学活动。在这次活动中，学生们观看了宣誓仪式，参观了法院审判史迹陈列室、新诉讼服务中心，并体验了法院设置的各项诉讼便民服务。通过活动，学生们更深刻地感受到宪法的权威，进一步提升了对宪法的认识。参加活动的学生们纷纷表示,将继续学习法律知识,成为尊法、护法、守法的有为学生。这次实践教学活动不仅让学生们了解了法院的工作流程和服务方式,同时也培养了学生们的社会责任感和法律意识。

(四)依法行使权利与履行义务

大学生应当明确公民的权利和义务,这需要教师的正确引导。在校园内,大学生应该尊重他人的权利,珍惜自身的权利,并且严格要求自己履行义务,同时还要督促周围同学履行义务。这样可以形成一个良好的校园文化氛围,加强精神文明建设,提高居民整体素质。同时,在法治方面,大学生也需要加强宣传教育。通过法治宣传教育,可以提高公民的法治观念,同时也可以重视法治常识普及,明白公民权利、基本义务和与工作、生活相关的法律常识。这样可以促使大学生依法办事、依法约束自己、依法维护合法权益。

第三节　高校思想政治理论课实践教学运行体系的构建

一、课堂实践教学运行体系建构

(一)组织开展学生讲坛

学生讲坛是一种以演讲为主要形式,结合学生演讲的一种活动。它旨在激发学生的交流互动能力,提升学生主动思考的能力,鼓励学生将有价值的观点与思想政治理论课的学习相融合,同时也可以通过撰写演讲稿提升学生的学术功底和写作能力。此外,学生讲坛还有助于帮助学生学会正确处理同学之间的关系,确立目标,明确努力方向。

学生讲坛对于学生的综合能力提升有很大的作用。首先,学生讲坛可以激发学生的交流互动能力。学生演讲需要面对观众,需要与观众进行交流和互动。在这个过程中,学生可以更加深入地了解自己的观点和思考，同时也可以倾听其他人的观点和想法，从而更好地理解和沟通。其次，学生讲坛可以提升学生主动思考的能力。学生需要在演讲前对自己的主题进行深入的思考和研究，这对于学生的思维能力和逻辑思维能力有很大的提高作用。同时，学生讲坛也鼓励学生将有价值的观点和思想政治理论课的学习相融合，这有助于提升学生的综合素质和思想水平。

此外，学生讲坛还可以通过撰写演讲稿提升学生的学术功底和写作能力。撰写演讲稿是一种锻炼学生写作和表达能力的有效途径。在演讲前，学生需要进行多次修改和改进，这有助于提升学生的写作能力和思考能力。同时，学生讲坛还可以帮助学生学会正确处理同学之间的关系，确立目标，明确努力方向。在学生讲坛的过程中，学生需要面对观众和同学，需要学会如何处理同学之间的关系和相处方式，这有助于提升学生的社交能力和组织能力。

（二）组织开展情景模拟

情景模拟是一种有效的实践教学方法，它通过教师创设情境，进行社会问题再现，引导学生参与模拟。与学生讲坛不同，情景模拟更贴合实际生活，它可以帮助学生更好地理解历史事件和现实问题，提高他们的思维和实践能力。这种方法需要教师精心设计和组织，加入逼真的道具和环境，让学生身临其境，增强参与感。在实践中，情景模拟可以结合各种教学手段和资源，让学生更加深入地了解历史和现实，培养他们的批判思维和创新能力。

某高校精心组织学生前往现场拉练开发“上清会师”情景模拟现场教学课，讲述了上清会师的历史背景、重大意义和现实启示。上清会师是红军长征中的一次重要战役，它的胜利打破了国民党“第四次围剿”，增进了各苏区之间的交流团结。学生在情景模拟中深入了解了红军长征中的历史事件，体验了当时的战争环境，感受到了红军的艰苦奋斗。上清会师的历史背景和重大意义给学生带来了现实启示。学生认识到要更加维护党中央权威和集中统一领导，增进团结和敢于斗争。情景模拟使学生不仅在理论上了解历史事件，更能够通过身临其境的体验感受到历史的残酷和人民解放军的英勇无畏。这种实践教学方法可以提高学生的思维能力和实践能力，培养他们的创新、应变、观察和操作能力，提高学生的综合素质。

（三）组织开展专题研讨会

在教学实践中，教师需要设定问题情境来丰富教学内容和形式，从而促进学生多元化发展。这样可以使学生接受到更加贴近实际的教学内容，增强他们的实践能力和解决问题的能力。为了更好地实现这一目标，教师可以组织研讨会，让学生全面、系统地了解实际生活中出现的问题，并通过引导方式引发学生思考和讨论。

在研讨会中，教师可以采用专题研讨的方式，突出学生主体性，通过对已有知识的理解和运用，积极思考和讨论问题。这种方式可以使学生更加主动地参与到教学过程中来，提高他们的学习积极性和主动性。同时，这种方式也能够帮助学生更好地理解和运用相关理论知识，提高他们的实践能力和解决问题的能力。

在选择研讨会的主题时，需要考虑课程主干理论知识，直面社会现实和学生实际，这样才能取得良好的实践教学效果。通过专题研讨会，学生可以拓展知识面，提高综合素质，增强实践能力。同时，教师也可以通过研讨会了解学生对知识的掌握情况，为后续教学提供指导和帮助。

在专题研讨会上，教师应该充分发挥引导作用，让学生参与到讨论中来。这样可以激发学生的学习兴趣，培养学生的自主学习能力和创新精神。同时，教师也应该注意及时给学生反馈，鼓励学生进行思考和探究。这样可以让学生在研讨会中有所收获，提高学习效果。

二、校园第二课堂实践教学运行体系建构

（一）组织开展校内调研

校内调研是一种以校园环境为实践背景的调研方式，通过问卷调查、专家访谈、咨询采访等方式，围绕实践教学主题，收集与主题相关的各项材料并加以整理，得出结论。校内调研的目的是针对出现的问题分析其内在原因，并提出解决方案。

学风和教风是一种调研主题，例如，教师指导学生利用闲暇时间对

学风和教风进行了调查采访，调研得出的结论是学生对待学习的态度有待提高、主动学习的意识还有所欠缺、上课不认真听讲、存在玩手机的现象。这些问题的出现并不是偶然的，而是有其内在原因的。调研发现的主要原因在于学生经过高中3年的刻苦学习后，进入大学想要全身心放松；大学缺少了一些督促他们学习的老师，学生少了学习和读书的外在约束；学生还没能完全适应大学生活，自我要求比较低，缺少对当今社会就业困难的正确认知。这些原因导致了学生对学习的态度有所放松，影响了他们的学业成绩和未来职业生涯发展。

针对这些问题，需要采取一系列措施，如加强学风建设，提高学生的学习积极性和自觉性，鼓励学生积极参与课堂和集体活动；加强教师队伍建设，加强教师的指导和监督，提高教学质量和效果；加强学生管理，引导学生正确对待大学生活和未来职业生涯，提高他们对当今社会就业困难的正确认知。

（二）配合相关单位开展第二课堂活动

大学生的学习生活除了课堂教学外，还有第二课堂的活动。第二课堂活动是对第一课堂的补充深化、拓展延伸，是大学生充分利用课余时间在学校内外进行实践教学活动的重要形式。这些活动包括校园宣讲、专题讲座、社会调查、公益活动等，涵盖的内容十分丰富。

通过参加第二课堂活动，大学生不仅可以丰富课余生活，还能够提升社会实践能力，加强政治素质和道德素质。特别是对于开展思想政治理论课实践教学，第二课堂活动成了重要的渠道和优势。因为重点突出实践活动的思想政治教育导向性、方向性和全面性，让每一个参与实践教学的学生都能深刻理解社会主义核心价值观，并付诸实际行动。

校园第二课堂实践教学的真正意义在于让广大学生进一步增强对中国特色社会主义道路、理论、制度、文化的思想认同、情感认同和理论认同，使“四个自信”更加坚定。通过参加第二课堂活动，大学生可以更好地理解和感受到社会的实际情况，增强社会责任感和使命感，并将所学知识付诸实践。

（三）安排布置课外作业

通过安排和布置课外作业，不仅可以对目前所学的理论知识进行强化，还可以找到学生在这一阶段中所面临的问题，还可以为老师进行下一阶段的教学工作提供一定的参考和指导。例如，某高校要求学生观看二十大，并写出自己的感想，来指导学生自主地学习和理解二十大精神。

三、社会实践教学运行体系建构

（一）组织开展基地实践

实践教学基地是大学生参与实践活动的重要平台。在这个平台上，大学生可以接触到真实的社会环境，了解到不同行业的工作内容和要求，从而增强实践能力。此外，实践教学基地也是提升大学生思想政治素质的重要场所。通过与社会各界进行交流和互动，大学生可以接受不同思想观念的洗礼，增强自己的思想素质。

为了更好地充实实践教学的内容，高校应当充分利用当地资源，通过与企业和社会组织的合作，拓展实践教学基地的范围和深度。这不仅可以为大学生提供更广泛的实践机会，也可以促进学校与社会的密切联系，为社会发展做出贡献。

实践教学基地也可以促进学生点对点、面对面地接受思想的洗礼。在这个平台上，学生可以与不同思想背景的人进行深入的交流和互动，了解到不同的生活和工作方式。这样可以帮助学生更好地认识自己和社会，增强自己的综合素质和能力。例如，某高校将爱国主义教育基地作为学校的思想政治理论课教学实践基地，对于教育引导广大学生弘扬红色文化、传承革命精神、坚定理想信念、矢志拼搏奋斗有着十分重要的意义。通过在爱国主义教育基地进行实践教学活动，学生可以深入了解国家的历史和文化，增强爱国主义情感，同时也可以锻炼实践能力和思想素质，为未来的发展打下坚实的基础。

（二）融入“三下乡”社会实践活动

实践证明，“三下乡”社会实践活动是推动大学生实践成才最广泛、最有效的形式。思想政治理论课实践教学融入“三下乡”社会实践活动，有利于拓展自身实践教学的广度、深度和效度。例如，某高校组织学生采用新媒体平台开展线上“三下乡”社会实践活动。这是一种新的形式，但却不失为推动大学生实践成才最广泛、最有效的方式之一。在这次活动中，思想政治理论课实践教学融入其中，有助于拓展自身实践教学的广度、深度和效度。在这次活动中，由20名大学生志愿者组建了“云上造梦”团队，线上课程主要包含科普知识、传统文化、数学思维、美育课堂、每日一练（体育课）五大类型。各类课程的教学视频由“云上造梦”团队的志愿者提前录制完成，每天定时以推文形式在新媒体平台进行发布。同时，为了更好地解决学生的问题，活动设立了在线咨询——“小云老师”，若对课业存在疑惑便可联系“小云老师”在线进行答疑解惑，为学生提供更好的学习体验。

（三）组织开展公益活动

在我国，开展社会公益活动一直是一项被提倡的善举。这一点在大学里特别明显，因为大学生是未来的中流砥柱，他们的行为和思想意识对社会的影响是深远的。因此，组织和引导大学生开展社会公益活动是非常必要的。

大学里开展社会公益活动有很多种形式，例如组织学生捐赠物资善款、社区服务、环境保护宣传、慰问孤寡老人、帮扶留守儿童、疫情防控、志愿服务、社会援助等等。这些活动不仅可以帮助有需要的人，同时也可以激励大学生努力学习、奋发向上，还能够培养他们回馈社会、奉献社会的意识和能力。

例如，某高校大学生志愿者走进幼儿园和自闭症儿童之家，与自闭症儿童交流，为他们带去温暖和欢笑。这项活动不仅给孩子们带来了快乐，也为他们提供了重要的教育和帮助。志愿者们在活动前与幼儿园老师和自闭症儿童之家的工作人员进行了交流，了解自闭症儿童的特点和需求，以便更好地服务他们。志愿者们还准备了水果、文具、画图素材和游戏工具等，为孩子们带去更多乐趣和帮助。在活动中，志愿者们与孩子们交谈，教他们读诗、画画和写字，并一起做游戏。志愿者们在游戏中引导自闭症孩子们，帮助他们更好地融入社会，让他们感受到来自外界的温暖和关爱。这样的活动不仅给自闭症孩子们带来了关爱和快乐，也让志愿者们更好地了解自闭症儿童的特点和需求。通过志愿者的服务，自闭症儿童和他们的家长得到了重要的支持和帮助，也让更多人了解到自闭症和需要关注和帮助的群体。这项活动不仅是一次志愿服务，更是一次互动和教育，让社会更加温暖和包容。

（四）组织开展志愿服务活动

依托志愿服务活动进行思想政治理论课实践教学，能够保证学生参与实践教学的覆盖性和全面性。在实践中学习，是现代教育中的重要部分。对于思想政治理论课程，实践教学更是必不可少。而依托志愿服务活动进行思想政治理论课实践教学，不仅可以让学生参与进来，还可以保证实践教学的覆盖性和全面性。因为志愿服务活动本身就涵盖了社会生活的各个方面，学生参与其中，不仅可以实践所学知识，还可以加深对社会的认识，提高社会责任感。

不同专业的学生所学知识和技能不同，因此，在组织开展志愿服务活动时，要结合所学专业特征，充分发挥专业特征。比如，社工专业的学生可以为老人和小孩提供帮助，艺术专业的学生可以进行义演，中文专业的学生可以辅导写作能力，历史专业的学生可以做爱国主义教育，工科专业的学生可以开展科普宣传和科技服务活动。这样可以保证志愿服务活动的针对性，也可以让学生更好地运用所学知识，提高实践能力。

志愿服务活动的组织和实施需要有一定的计划和组织性，不能随意行动。同时，在进行志愿服务活动时，要注重安全问题，确保能够安全进行。比如，对于一些需要进入较危险地带的志愿服务活动，应制定详细的安全计划和应急预案，确保志愿者的生命安全。

志愿服务活动的开展要确保实效性和针对性，避免出现形式主义。为了达到这个目的，需要对志愿服务活动的本质进行深入挖掘，找到活动的核心，确定活动的目标和效果。只有这样，才能让志愿服务活动真正起到实践教学的作用。

学生应灵活地运用专业知识,提升理论联系实际的能力,培养为社会服务、为人民服务的意识。学生参与志愿服务活动,不仅可以实践所学知识,还可以提升理论联系实际的能力,培养为社会服务、为人民服务的意识。在实践中,学生应灵活地运用专业知识,结合活动的实际情况,发挥自己的特长。

第四节　高校思想政治理论课实践教学考评体系的构建

一、考评体系构建的原则

(一)民主性原则

实践教学的参与方较多,对学生的考评要听取多方意见,最终形成综合考评意见,包括指导教师的考评意见、学生的自评和互评,涉及实践教学接收单位的,还可听取实践教学接收单位的考评意见。

(二)激励性原则

由于思想政治理论课实践教学的丰富性和多样性,所以实践教学考评应具有激励作用。采用激励性的考核方法,可以让学生更好地感觉到自己的进步与发展,进而提高他们对实践教学的投入积极性。所以在考核中要注重适当地运用鼓励性和赞扬性的言语来激励学生。

(三)导向性原则

在思想政治理论课实践教学中,导向性原则是必须遵循的一个重要原则。这个原则的核心是要引导学生始终坚持正确认知和积极态度,以此来促进他们的成长和发展。在实践教学过程中,我们应该始终牢记这个原则,以确保教学的有效性和规范性。

在考评过程中,我们同样要坚持导向性原则。这意味着我们不仅要评估学生的表现,还要引导他们了解自己的不足之处,并给予适当的指导和建议。同时,我们也应该明确奖惩界限,采取奖惩分明的方式完善实践教学规范性。对于表现优异的同学,我们应该采取正面评价和认可的态度,鼓励他们继续努力。对于不能达到教学目标的同学,我们应该给予严厉批评,并帮助他们修正态度。这样,我们才能真正实现教学的效果。此外,肃清不良风气也是非常重要的。不良风气会使得教学失去规范性,影响学生的学习和发展。我们应该采取有效措施来肃清不良风气,确保实践教学的有效性和规范性。

二、考评体系构建的方法

(一)结果考评与过程考评相结合的方法

在考评学生时,我们需要考虑两个方面:结果和过程。结果考评主要以教学成果为评定依据,具有操作性强、可行性强等优点。但是,它也存在忽视学生阶段性成就或进步表现的弊端。因此,在考虑结果考评时,我们需要结合学生的实际表现,综合考虑其整体评价。

而过程考评则更注重学生的实际操作能力、情感融入、价值态度和实际收获等表现。这种考评方式有利于提高学生的严谨性和认真态度,促进学生积极参与实践教学,从而更好地达到教育目的。但是,过程考评也需要设置细致的考评要求,注重知行统一,避免只注重过程而忽视结果。

因此,我们需要在实践教学中充分考虑对结果和过程的评价,不断完善考评机制,综合考虑学生的各种表现,注重平衡考评结果和过程,从而更好地实现教学目标。

(二)定量考评与定性考评相结合的方法

实践教学的考评方法应该重视定量考评和定性考评相结合的方法。定量考评是以考评内容和考评标准为形成依据,以计分的形式对实践教学的结果进行形成性评价。这种考评方式可以量化学生的表现,便于教师评价和学生自我评价。同时,定量考评也可以让学生更好地了解自己的成绩和水平,进而调整自己的学习方法和计划。

除了定量考评,定性考评也是实践教学考评中必不可少的一种方式,它是在学生完成教学任务时获得一定的等级评价,包含教学过程和教学结果两个方面。教师对学生做出定性评价,这种考评方式可以更全面地评价学生的表现,包括学生的态度、行为、沟通能力、团队合作能力等方面。

定性考评可分为“优秀”“良好”“中等”“及格”和“不及格”五个等级。这种考评方式可以更好地激励学生的学习热情,让学生明确自己的目标和努力方向,以实现更好的表现和成绩。

两种考评方式是内在统一、相互联系的,二者可以进行相互转化。两种考评方式相结合能够让学生对自己的学习成果有更进一步的认识,能够帮助学生在后续的学习中自行设定符合自身实际的教学目标。比如,在定性考评中,教师可以根据学生的表现给予相应的等级评价,然后将其转化为定量分数,以便更好地评估学生的实际表现。而在定量考评中,教师也可以根据学生的表现给出相应的定性评价,以便更全面地评价学生的表现。通过定量考评,学生可以更好地了解自己的实际表现和学习水平,进而更好地制订学习计划和目标。而通过定性考评,学生可以更全面地了解自己的表现和能力,进而更好地发现自己的优点和不足,以便在后续的学习中不断改进和提高。

(三)教师考评与学生互评相结合的方法

教师考评与学生互评相结合的考评方式是保证实践教学有效性的重要根基。在过去,教学中往往只有教师评估学生的表现,这种方式往往会忽略学生的主体性和实际需求,导致实践教学效果不尽如人意。因此,将教师考评和学生考评相结合,成了保证实践教学有效性的重要根基。

让大学生参与到实践教学考评的具体实施过程中,是体现学生主体性的重要表现方式,也是尊重学生的体现。学生是实践教学的主体,他们能够更好地感受到实践教学的特点和需求。因此,让学生参与实践教学考评的具体实施过程中,能够体现学生主体性,同时也能够尊重学生的需求和意见。

实现民主性教学,能够提升实践教学的有效性,吸引更多的学生参与实践教学,提高学生参与实践教学的积极性与参与度。在实践教学中,学生和教师之间的合作和互动,是促进实践教学有效性的关键。

让大学生自行制定考评标准,再由教师把关来敲定学生考评的标准,能够充分把握学生的思维方式与实际需求,同时学生考评的结果也作为教师对学生进行最终考评的重要参考。大学生是成年人,他们有自己的思维方式和实际需求,因此,让学生自行制定考评标准,能够更好地反映学生的实际需求。同时,教师作为考评的把关人,也能够对学生的考评标准进行审查和评估,确保考评结果的客观性和准确性。最终,学生考评的结果也能够成为教师对学生进行最终考评的重要参考。

在实践教学中,教师考评与学生互评相结合,能够更好地提升实践教学的有效性,吸引更多的学生参与实践教学,从而更好地培养具有实践能力的高素质人才。

第五节 高校思想政治理论课实践教学管理体系的构建

一、建立组织机构

为了更好地开展思想政治理论课程的教学工作,建立科学合理、运行有序的思想政治理论课组织机构显得尤为重要。

首先,为了确保实践教学的质量和效果,学校应设立“思想政治理论课综合实践教学管理中心”,并成立校级“社会实践育人管理中心”,以“中心”作为统一实施运作机构。其次,在组织实践教学的过程中,需要层层细化,分工明朗,责任划分明确。涵盖校领导、二级学院、教研室等多个层面,形成领导小组,确保实践教学的教学效果。同时,实践教学应当按照第一课堂、第二课堂以及社会实践教学三个维度进行校企合作、校校合作、院系合作,建构完善的实践教学组织机构。

二、明确工作职责

(一)明确组织机构职责

思想政治理论课实践教学培训指导中心是为了提高思想政治理论课的教育质量而设立的,其主要职责是组织和实施思想政治理论课的实践教学。具体来说,中心负责研究设计,并动态调整《思想政治理论课综合实践》课程的教学内容,制定和执行课程《实施方案》和工作规划。中心还遴选、确定指导教师人选,分配课程教学指导任务,核算教学工作量。同时,中心还负责抓好培训中心组织、制度、师资及硬件建设工作,完成重点建设项目任务。

为了提高指导教师的业务能力,中心还组织指导教师学习实践教学相关理论,开展指导教师业务能力的培训。中心还负责编写、更新《课程讲义》《实践教学管理办法》《实践手册》等教学资料,维护课程网站及管理信息系统的正常、安全运行,制定突发事件预案。

中心还负责培训中心办公室设施设备的管理和文件资料的收集、整理、归档。同时,中心还筹划、落实中心动员会、评价会、培训会、研讨会以及教学检查事宜。此外,中心还负责课程重修与返考、岗位职责拟定与考核、先进个人表彰奖励、教辅资料与获奖报告有偿编印、指导教师社会考察、联络校团委和学工部等事宜。

(二)明确指导教师职责

在思想政治理论课实践教学中,指导教师起着至关重要的作用。指导教师需要全面负责班级实践教学的组织管理、动员培训和考核评价。

指导教师的主要职责包括组织安排、监督检查班级实践教学活动。他们需要确保实践教学活动的安全、顺利进行,并能够及时地解决出现的问题。此外,指导教师还需要加强与学生的联系、交流,提供咨询、指导和帮助。在实践教学过程中,学生可能会遇到各种各样的问题,指导教师需要协调解决这些问题,确保学生能够顺利完成实践教学活动。

指导教师需要查收、评阅学生的申请表、活动报告、汇报材料等，并存档。这些材料对于评定学生的成绩非常重要。指导教师需要对这些材料进行仔细的评估，以便能够准确地评定学生的成绩。评定成绩是实践教学活动的一项重要工作，它不仅能够反映学生的实际水平，而且还能够激励学生更加努力地学习。

最后，期末指导教师需要对本届实践活动情况进行总结、评价，并写出书面总结报告。总结报告能够反映出实践教学活动的质量和效果，并能够为今后的实践教学活动提供重要的参考。

（三）明确实践学生责任

为了让每个学生在实践活动中得到更好的锻炼和提高，需要明确学生的责任和要求。

首先，学生需要明确自己在实践教学活动中的责任。实践活动不仅是一种学习方法，更是一种锻炼自我的机会。学生需要端正态度，高度重视，充分准备，才能更好地参与实践活动。同时，学生也需要遵守相关规定，力戒形式主义、弄虚作假、抄袭剽窃、包办代替等行为。

其次，学生需要扎实开展每项实践活动。学生需要按照规定的实践教学流程，参加班级动员、培训及总结，认真填写活动申请，务实撰写活动报告，及时提交相关材料。这些都是实践活动中不可或缺的部分，学生需要认真对待，才能得到更好地提高。

此外，学生还需要主动与指导教师联系、交流，有效解决实践教学活动所遇到的各种问题。指导教师是学生在实践活动中的重要支持，学生需要与指导教师积极沟通，及时反馈问题，以便更好地解决问题。

最后，学生需要参加安全教育，签订安全承诺，加强安全意识，注意风险防范，避免发生安全事故。安全是实践活动中最重要的部分，学生需要认真对待，做好自我保护。

三、强化管理流程

在学校的社会实践活动中，为了确保活动的顺利进行和质量，需要加强管理流程和规范活动实施。具体措施包括制定实践流程，明确活动各阶段的时间节点和要求，设立多个环节，如社会调研申请、校内实践申请、校外实践申请等，确保活动全面实施。

在实践活动的过程中，各环节都需要严格执行，比如规定撰写报告和参加总结会等必要步骤，促进成果总结和经验分享。指导教师审核和定稿环节也是非常重要的，既要确保活动顺利进行，也要保证活动合规和质量。

通过强化管理流程和规范活动实施，可以有效提高实践活动的质量和效果，使学生在实践中得到更加充分的锻炼和体验，增强其综合素质和能力。同时，也可以为学校提升社会影响力和校企合作带来更多机会和资源。因此，学校应该高度重视社会实践活动的管理和实施，不断完善相关制度和流程，推动实践活动不断发展和创新。

四、完善管理制度

（一）建构完善的制度管理体系

要想实现良好的实践教学效果，建构完善的制度管理体系是至关重要的。

首先，高校应该上下一心，领导层面、管理层面、实施层面应当环环相扣，紧密结合。这样才能保证各方面的工作有序开展，各项制度能够相互配合，达到最佳效果。

其次，制定具体的、可实施的工作计划和课程计划，建立与时代相适应的实践教学管理制度。这不仅可以保证实践教学的内容和方式与时俱进，还能确保教学质量得到有效保障。

另外，落实实践教学的教学大纲和教学任务，落实实践教学的专项经费，落实实践教学的结果评定，这些都是实践教学管理体系中的重要环节。只有这些方面做到位了，才能够保证实践教学的有序性和有效性。同时，为了更好地推进实践教学，高校还应该协助毗邻高校之间的联动配合，协助高校实践教学基地的挂牌建设等等。

在总体上，高校应该建立实践教学的管理制度和管理体系。通过这样的方式，可以确保实践教学的顺利展开，也可以为学生提供更好的教育体验。

（二）细化学校各相关职能部门的具体工作任务

思想政治理论课实践教学是整个学校共同完成的任务，这意味着学校各级领导应该协同配合，共同促进实践教学的顺利展开。除此之外，还需要相关部门的联动配合，特别是关于实践教学基地建设问题、指导教师培养与选配问题、不同学院学科的学分设置问题等。

在实践教学活动的开展过程中，需要考虑到不同学生的实际情况，确保既能够达成预期目标，又不会增加学生的课业负担。这意味着需要制定合理的实践教学计划，将实践教学融入学生的日常生活中，充分利用学生的课余时间进行实践活动，避免对学生的正常学习造成影响。同时，实践教学的顺利开展还需要考虑到指导教师的培养与选配问题。学校应该通过培训提高教师的专业水平，确保其具备指导学生进行实践教学活动的能力，同时要根据不同学科的特点，合理选配教师，保证教师能够在实践教学活动中充分发挥自己的专业优势。

（三）明确实践教学经费管理制度

学校的财务处应该明确经费的管理制度，包括具体的报销规定、开支明细等等。并且随着实践教学的完善与发展，学校财务处应当在教学设备和资料书籍等方面给予支持。

第四章

高校思想政治理论课实践教学模式

第一节　实践教学模式理论

一、教学模式概述

（一）教学模式的概念

教学模式是指教育目标、内容和方法等环节形成的教学范式。它是教学活动的基础和核心，涉及课程设计、教学组织、教学方法和评价等多个方面。要开展有效的教学活动，必须将教学模式中的多个教学要素有机结合起来。

教学模式的发展与创新丰富了教学理论。在教学领域中，不断出现新的教学模式和方法，例如探究式教学、案例教学、合作学习等，这些新的教学模式和方法可以更好地满足学生的需求和教学目标。随着教学理论的不断发展，教师们可以更好地将教学理论运用于教学实践中，指导教学活动的开展。

高校思想政治理论课实践教学是教学模式的一个重要领域。在这个领域中，教学模式可以为教师提供很好的借鉴和桥梁作用，帮助教师更好地开展教学活动。例如，在课程设计中，可以采用案例教学的方式来引导学生思考，加深他们对于思想政治理论知识的理解和认识；在教学组织中，可以采用合作学习的方式来促进学生之间的交流和合作，提高他们的学习效果；在教学评价中，可以采用多元化的评价方式来全面了解学生的学习情况，帮助他们更好地掌握知识。

（二）教学模式的结构

1. 理论依据

教学思想或者说教育理念是构建教学模式的前提和根据，是教育模式的核心，是其他因素的引导。所有的教育模式都是在某种教育理念和理论的指引下提出的，因此，理论依据也可以称为指导思想。教学模式是在某种教育理念或教学思想的基础上，在某种教育理念的引导下所形成的一种教育活动。不同教育观念下的教学模式的认识也不尽相同。

2. 教学目标

在教学活动中，教学模式和教学目标是密不可分的。教学模式的目标是指教学效果，而教学目标则是教学模式的核心。每个教学模式都有自己特定的教学目标，教学目标制约着教学模式的其他因素，决定着教学模式的操作程序和师生在教学活动中的组合关系，也是教学评价的标准和尺度。

完成既定的教学目标是运用教学模式的出发点和目的。教学模式与教学目标的内在统一性决定了不同教学模式的个性。不同教学模式是为完成一定的教学目标服务的。因此，在进行教学活动时，教师应根据不同的教学目标来选择恰当的教学模式，以达到最佳的教学效果。例如，在教授知识性较强的课程时，教师应选择讲授式教学模式，重点讲解知识点，引导学生理解掌握知识；在教授技能性较强的课程时，教师应选择实践式教学模式，引导学生通过实践操作来提高技能水平。在选择教学模式的同时，教师还应明确教学目标，确保教学活动符合教学目标的要求。

3. 操作程序

思想政治理论课的实践教学模式的操作程序是指教学模式在具体的教学活动中所经历的环节、实施步骤以及实施方法。任何一种教学模式，都拥有一套独具特色的操作流程和步骤，在这一过程中，它对老师需要做什么、学生需要做什么以及每一步应该要完成的工作做出了明确的规定。

4. 实现条件

实现条件保证着教学模式功能的有效发挥。教学模式的实现条件，是指能使教学模式发挥效力实现一定的教学目标所需要的各种条件因素。任何教学模式都是在特定的条件下才能实现既定的目标。完成教学目标需要的教学条件包括教师、教学设施、教学内容、教学方法与手段、教学时空等。

5. 教学评价

教学评价在教学模式中扮演着重要的角色。它是完成教学任务、达到教学目标的评价方法和标准等。教学评价可以让人们了解教学目标的实现程度,进而调整操作程序、活动方案等,改造和完善教学模式。不同的教学模式对教学效果评价的方法和标准也不同,每个教学模式都有适合它自己特点的评价方法和标准。例如,在传统的讲授式教学模式中,教师通常会通过学生的考试成绩和作业完成情况来评价教学效果。而在探究式教学模式中,评价则更注重学生的探究过程和结果,如学生的实验报告、探究方案等。再如,在项目制教学模式中,评价更注重学生的项目成果和解决问题的能力;在游戏化教学模式中,评价则更关注学生的游戏过程和游戏绩效。这些评价方法和标准都是为了更好地评估教学效果,以便于优化教学过程,提高教学质量。

然而,有些教学模式还没有自己独特的评价方法和标准,需要进一步探索和研究。比如,在虚拟现实教学模式中,评价方法和标准还不是很清晰,需要更多的实践和研究来完善。因此,教学评价是一个不断发展和完善的过程。

(三)教学模式的特点

1. 整体性

教学论是教育学的重要分支,学者们对其各主要范畴进行了深入的研究。然而,他们却缺乏对教学活动中各个要素之间的内在联系和动态转化的整体认识。这个问题在教学实践中经常出现,影响了教学效果的提升。因此,教学模式应运而生,它通过特定的教学范式,把教学活动的各种要素组织起来,构成一个有机的整体,解决了这个问题。教学模式以教学目标为主线,对教学活动的各个要素进行综合考虑和整体安排。这些要素包括教学内容、教学方法、教学手段、教学过程等。在教学模式中,这些要素相互关联、互相作用,形成一个动态的教学过程。教学模式不仅是对教学活动的完整反映,更是对教学活动进行综合设计和整体掌控的工具。教学模式对教学活动的各个要素进行综合考虑和整体安排,起到了重要的指导作用。它可以帮助教师在教学过程中更好地把握教学目标的实现,提高教学效果。同时,教学模式也可以帮助学生更好地理解和掌握教学内容,提高学习效果。

2. 操作性

教学模式来源于教学实践,具有可操作性,接近教学实际,易于理解和操作。教学模式由稳固的操作程序和方法的策略体系构成,教学模式的产生旨在让人们更好地把握和运用教学实践经验,同时也为教学理论的指导提供了有效的方法和手段。教学模式的产生来源于教学实践中的经验总结和教学研究成果的结晶。在教学实践中,我们会发现不同的教学模式适用于不同的教学环境和目标,而这些模式也在不断地发展和完善。

教学模式具有很强的可运用性。它不仅体现为教学理论的指导作用,还能发挥教学实践经验的实际操作作用。教学模式可以指导教师进行教学设计和教学实施,帮助教师更好地完成教学任务,提高教学效果。同时,教学模式也可以帮助学生更好地理解和掌握知识,提高学习效果。

3. 稳定性

教学模式的稳定性是其基本特性之一。教学模式的产生需要大量的教学实践活动的总结和概括,并且一经形成则对教学实践具有较长远的指导意义。教学模式的稳定性是建立在对教学实践的普遍性的、规律性的认识基础上的,因此其重要性不可忽视。

教学模式的稳定性是相对的,因为教学思想或理论是一定社会的产物,而社会是不断发展变化的。因此,教学模式需要不断地进行修正和更新,以适应教育的发展趋势和新的教学方法。

教学模式的稳定性不仅对教师和学生有重要的指导意义,也对教育管理者和决策者有很大的作用。教育管理者可以通过对各种教学模式的研究和探讨,确定最适合本地区或本校的教学模式,提高教育教学质量。而决策者可以根据教学模式的稳定性,对教育政策进行调整和改进,以促进教育体制的改革和发展。

4. 特殊性

每种教学模式都有其独特的个性，包括指导思想、教学目标、进程和适用范围。因此，在运用教学模式时，必须考虑其特定性能。

首先，每种教学模式都有其独特的指导思想。指导思想是指教育者在教学过程中所应遵循的教学原则和方法。例如，传统的讲授式教学模式强调教师作为知识传授者的角色，而学生则被视为被动接受者。与之相反，以学生为中心的探究式教学模式则鼓励学生积极参与，主动探索问题，培养学生的自主学习能力。因此，不同的指导思想会直接影响到教学模式的选择和运用。

其次，每种教学模式都有其独特的教学目标。教学目标是指在教学过程中所要达到的目标和效果。例如，在教学知识点上，讲授式教学模式更加强调学生对知识点的掌握和记忆，而探究式教学模式则更加注重学生对知识点的理解和应用能力的培养。因此，教学目标是选择教学模式时必须考虑的一个重要因素。

再次，每种教学模式都有其独特的进程。进程是指教学过程中所采用的教学策略和方法。例如，在讲授式教学模式中，教师会通过口头讲解、示范等方式来传授知识。而在探究式教学模式中，教师则会引导学生通过提问、分析、实验等方式来探索问题。因此，不同的进程会直接影响到教学效果和效率。

最后，每种教学模式都有其适用的领域和范围。不能盲目使用教学模式，避免犯不讲实际、生搬硬套的错误。例如，在教授基础知识时，讲授式教学模式可能更加适用；而在培养学生的创新能力和实践能力时，则更加适合采用探究式教学模式。

5. 开放性

教学模式的开放性不仅意味着它的灵活性和可塑性，更意味着它能够不断地适应教学理论、指导思想的发展以及外界因素的影响，从而进行适当调整。随着时代的发展和教育理念的更新，教学模式需要随之调整，以适应新时代的要求。教学模式的开放性可以使其不断向前发展，发挥最佳的教学功能，实现优质化的教学效果。这也意味着，开放性的教学模式可以吸收更多的新思想、新技术和新方法，从而逐渐发展成为更加高效、更加贴近现实的教学模式。如果教学模式故步自封、处于封闭状态，不吸取新的元素，会在以后的教学实践中遭到淘汰。教学模式需要不断地适应教育发展的需要，不断地进行创新和改进，才能保持其活力和竞争力。只有教学模式具有开放性和适应性，才能更好地服务于学生和教育事业。

（四）教学模式的功能

1. 理论方面的功能

第一，教学模式是教学理论或思想在教学活动中的具体表现形式。教学模式的作用在于帮助人们更好地掌握和运用教学理论，从而推动教学论的发展。

第二，教学模式是一个整体性结构，可以从整体上掌握教学活动系统内部各个因素的相互联系和相互作用，认识教学的规律。

第三，教学模式的框架通过在实践中不断地检验，为教学理论的深入研究提供新的资料，从而使教学理论得到丰富和发展。教学模式可以根据不同的教学目标和教学环境进行调整和改进，从而更好地实现教学目标。教学模式的不断发展也为教学实践提供了新的思路和方法。

教学模式理论功能研究对于教学实践有着重要的意义。通过对教学模式理论方面功能的研究，可以更好地了解教学中各个因素的相互关系和作用，从而有效地指导教学实践。同时，教学模式理论方面功能的研究也可以促进教学理论的不断发展和完善，从而更好地推动教育事业的发展。

2. 实践方面的功能

第一，教学模式有助于提高教学质量。

每一种教学模式，都是以某种教学理论为基础，通过对教学活动中的教学内容、教学形式、教学方法手段等多种要素进行最优组合，从而实现规定的教学目的。只要选择恰当的教学模式，就可以实现其教育目标所需的条件、程序和活动形式，从而对改善教育工作，提升教育质量起着积极的作用。

第二，教学模式起到中介作用。

在教育教学中，教学理论和教学实践之间缺乏桥梁一直是个难题。

虽然教育理论的研究可以为教学实践提供思路和指导,但是,教学实践却往往因其独特性而难以与理论相契合。这就需要一个中介来协调二者之间的关系,而教学模式就是解决这一问题的中介。

教学模式是一种教学活动的设计方案,它承上启下,建立起理论与实践之间的沟通。教学模式能够将抽象的教学理论转化为具体的教学实践,从而使理论更贴近实际。同时,教学模式也能够将教学实践中的经验和问题反馈到理论之中,从而完善教育理论。

教学模式具有实践性、可操作性和可适用性。它不仅是一种理论探索,更是一种实践运用。教学模式在实践中被应用,可以帮助教师更好地组织教学活动,提高教学效果。此外,教学模式还具有很强的可适用性,它能够适应不同学科、不同年级、不同教学目标和不同教学环境的需求。

教学模式可以对教学实践发挥指导作用。教学模式可以帮助教师更加深入地认识教育教学的本质和规律,指导教师从教学思路、教学方法、教学手段等方面规划和实施教学活动。同时,教学模式还可以帮助教师更好地解决教学实践中遇到的问题,提高教学水平。

二、高校思想政治理论课实践教学模式理论

(一)高校思想政治理论课实践教学模式的概念

高校思想政治理论课实践教学模式,是针对高校思想政治理论课所提出的一种教学模式,主要采取的是实践性教学活动的方法。它是一种基于实践论的教学活动,不仅限于课堂内,还包括实践教学场所和实践教学内容的系统性和教育性。在实践教学活动中,教师扮演着引导大学生参与教学活动的特殊角色。实践教学应该在课堂内外的场所开展,场域多样化、范围广泛。在实践教学中,大学生可以通过参与社会实践、志愿服务、文化交流、科技创新和科学研究等多种形式的实践活动,来增强自己的实践能力和综合素质。实践教学与高校思想政治理论课的课程内容、过程密切相关。通过实践教学,教师可以让大学生更加贴近自己的真实想法,促使大学生全面发展,增强社会责任感。

从教学模式的定义来看，当前教育理论界对于高校思想政治理论课实践教学模式有众多的研究，也有很多观点。但是，以之前对教学模式概念的理解为基础，这里将高校思想政治理论课实践教学模式理解为：在一定的教学理论和教学思想的指导下，为实现高校思想政治理论课特定的实践教学目标而进行的一种比较稳定的、科学的、灵活的和具有实践性的教学范式。在对过去的实践教学活动进行总结和归纳的过程中，还可以对实践教学的资源进行整合，从而推断出一些先进的教学理论，并以此为基础，用这些理论来对教学实践进行进一步的引导，以此来提高思想政治理论课实践教学的实效性。高校思想政治理论课的实践教学模式将教学理论与实际教学进行了有机的结合，从而构成了一条环环相扣的链条和纽带。

在教学活动的过程中，思想政治理论课的实践教学模式已经不再是以教师为核心，老师们开始充当起引导者、组织者和合作者的作用，而大学生们在思想政治理论课的教学中充当了主体的作用，他们对教学活动的参与感更强，可以更加主动、积极地参与到实践教学活动当中。与此同时，在进行实际教学活动中，学生对理论知识进行不断地认识和理解，而教学理论又可以对实际工作进行引导，因此，教学实践与教学理论都会在实际工作中得到验证和更充分的认识，之后，在实践活动中，教师会再次进行实际工作中的测试和认识。如此循环往复，才能使教师的教学水平在某种程度上得到提高，取得最佳的效果。思想政治理论课的实践教学模式也可以随着时代的发展和变化而进行相应的转变，而且在这种转变过程中，要持续地适应教学环境，提高高校思想政治理论课实践教学模式自身的教学能力，进而提高实践教学的效果，也可以在教学活动中随着教学因素的变化而进行相应的调整。通过对实际工作过程的分析，总结出实际工作过程中的稳定性、科学性、实践性、灵活性等特点。

高校思想政治理论课的实践教学模式是大学生思想政治教育的主要途径之一，它的目的是让大学生可以用马克思主义理论对问题和实践进行指导，从而可以对大学生进行正确的人生观、世界观与价值观培育，从而提升他们解决问题与分析问题的能力，提升他们对于思想政治教育的认识，帮助他们学好知识，融会贯通，推动他们的全面发展，促进他们成长，实现实践育人的目标。

(二)高校思想政治理论课实践教学模式的基本原则

1. 坚持时代性原则

高校思想政治理论课实践教学模式要遵循时代性原则。这意味着,在教学过程中,思想政治理论课教师需要将马克思主义理论与时代特征有机结合,既要坚持马克思主义理论的指导,又要注重教育理论的发展和实践教学模式的不断完善,以适应时代的要求。

马克思主义理论是高校思想政治理论课的核心和灵魂,必须坚持。但是,同时也要认识到,时代在不断变化,教育理论也在不断更新,因此要注重反映时代特征的教育理论指导教学模式的发展。

在实践教学中,我们必须坚持正确的政治方向。理论课程是培养学生正确政治方向的重要途径,教师应该通过理论课程引导学生正确认识和处理各种社会问题,同时也要加强对学生的思想政治教育,让他们树立正确的世界观、人生观和价值观。

在了解当前我国发展的时代背景方面,教师应该注重对内和对外的讲解。对内,要讲好习近平新时代中国特色社会主义思想的重大意义和科学体系,引导学生深入了解和认识习近平新时代中国特色社会主义思想的核心内容和实践要求;对外,要强调中国特色社会主义道路的可持续发展,让学生了解和认识中国在全球化进程中的地位和作用。

在发挥思想政治理论课的价值导向方面,教师应该注重推动“三进”学习的科学要求。具体来说,就是要引导学生深入学习习近平新时代中国特色社会主义思想、中国近现代史和马克思主义基本原理,让学生对中国特色社会主义有更加深刻的认识和理解。

2. 坚持价值引领原则

在当代高校中,“以人为本”的思想政治理论课程肩负着为大学生提供价值导向的重任,在指导他们正确的政治生活中发挥着不可替代的作用。在充分发挥价值引领原则的作用下,可以使思想政治理论课的有关工作更好地进行,从而指导大学生在正确的政治方向上,树立正确的价值观。在中国,实践教学是一项非常关键的课程,它是一项特殊的、带有教育性的实践性课程,因此,每次对其进行的调整与改革,都必须以其自身的实际情况为依据,顺应时代的需要、满足教学要求的需要,实现对思想政治理论课价值引领的重要作用。与此同时,在改革发展的过程中,从我国经济社会的现状可以发现,实践教学的比例越来越大,需要在实践教学过程中有一个明确的价值观引导。一是要坚守“以人为本”的内化价值引领原则。思想政治理论课的实践教学,可以更加充分、全面地发挥出教书育人的作用,全面地帮助大学生形成正确的政治观念,对他们展开政治思想的教育和宣传工作,从而提高他们的政治热情和政治自信,强化大学生政治素养的内化效果。二是要坚守“外化”的价值引导功能。只有在实际操作过程中,大学生能够合理、有效地输出自己的政治理念和政治思想,并将它们外化为行动,并在行动中积极地践行着社会主义核心价值观,这样才可以让他们对政治形势的认识更加深刻、对政治行为的把握更加准确,进而推动学生在实践教学过程中,能够更好地实现对所学知识的理解,并将其融会贯通,让实践教学充满生机,提升学生对教学的真实性和获得感,进而让他们对高校思想政治理论课实践教学模式有更深刻的认识,确保高校思想政治理论课实践教学模式能够得到更好的落实,确保教学质量。

3. 坚持全流程管理原则

对高校思想政治理论课实践教学模式进行的改革涉及各个方面,它是一种具备整体性作用的实践教学模式,可以将课堂实践教学、家庭实践教学和社会实践教学中的每一个方面、每一个环节都进行整合。这些因素之间存在着密切的关系,所以要遵循全流程管理的原则,对思想政治理论课的课前、课中、课后各环节进行有效的控制,从而促进了高校思想政治理论课的整体发展。

个体的发展要综合考量,而思想政治理论课的实践教学也要综合考量,这就是在思想政治理论课教学中要兼顾的全流程管理的理念。掌握整个过程的基本原理,就是要从整体和系统性两个层面,把“课前”和“课中”有机地结合起来;要对课外资源进行有效利用。

对课前的教学安排进行掌握,是指在展开实践教学工作前,一定要将实践教学理论进行准确的应用,并对其进行科学合理的设计,保证其方法可行,并经过努力可以达到,从而在实施的过程中,能够充分将实践教学理论的效果发挥出来。对事中的实践教学进行掌握,在实施实践教学的时候,要将理论教学与思想政治理论课的实践教学有机地结合起来，利用现代网络技术，对校内与校外的教学资源、课堂内与课堂外的教学资源进行高效的整合，而且要随着教学环境的改变而不断地对教学进行调整。掌握事后的教学反馈，根据实践教学的结果，对其进行调整，并为下一次实践教学提供必要的反馈。遵循全流程管理的原则，促进思想政治理论课的实践教学向系统化、层次化的方向发展，从总体上对实践教学的制定、实施和运行进行全面的掌握，进而促进思想政治理论课所涵盖的领域和范围变得更加广泛，使思想政治理论课的资源利用变得更加具有连结性，各个环节之间的串联也变得更加密切。

在课堂教学、家庭教学和社会实践教学过程中，应充分发挥学生的主体作用。运用研讨交流问答法，开设示范教学，创设教学情境；通过采取现场教学等多种教学方式来进行运作，保证了课堂实践教学可以有效地顺利开展，与此同时，还可以综合运用家庭实践教学和社会实践教学，将每一个方面、每一个环节的教学可能性都发挥到最大，可以做到点与面相结合，拓宽教学的覆盖面，从而构成思想政治理论课实践教学的立体式的整个教学全过程。可以促使思想政治理论课实践教学产生更大的合力，提高其在现实生活中的实际效果，对推动高校思想政治理论课实践教学模式进一步深化和发展，具有非常重要的意义。

4. 坚持规范化建设原则

要强化思想政治理论课教学模式的实施与开展工作，就必须有每一个教育主体的全方位保证，要持续地构建和完善思想政治理论课的制度，持续地对思想政治理论课的工作模式进行改进，为此，必须遵循规范化建设的原则。在学校党委的统一领导和科学管理之下、相关部门的各司其职之下、家人之间的高效合作之下、整个社会的上下互动的整体工作机制之下，高校思想政治理论课实践教学能够实行规范化建设。对培养大学生的健全人格来说，遵循规范化建设的原则，就可以使他们不断地成长，不断地进步。在进行思想政治理论课实践教学工作的时候，要对学生的主体意识进行全面的掌握，对他们的主体需要进行主动的理解，并与有关的管理部门进行有效的合作与协作。老师们采用了一种具有灵活性和多样性的实践活动，让大学生们可以亲自实践和体验，这样不仅可以让思想政治理论课实践教学模式的教学目标能够更好地实现，还可以让学生们更好地积极地参与到教学中来，让大学生从“不知”到“知之”。遵循规范化建设的原则，可以使思想政治理论课教师队伍的水平和质量得到进一步提高。在教学实践中，要始终遵循“立德树人”的根本要求，做到“课前、课中、课后”等环节的工作有条不紊地进行；在进行全程的教学活动时，要对教学理论、教学方法进行充分的运用，并与实践教学的理论基础以及思想政治理论课所面对的实际情况相联系，对教学方法进行科学、高效的运用，对思想政治理论课教育的根本性问题和基础性问题进行了清晰的认识，对思想政治理论课实践教学的实效性问题进行了明确。在高校要培养怎样的学生的问题上，要在用怎样的方式来培养学生的问题上，对实践教学的内容和教学方法进行掌握，确保可行性原则可以将实践教学的可操作性、实效性充分地体现出来，保证了实践教学的规范化发展，进而保证了实践教学的成功开展。

在实践课中，应遵循标准化建设的原则，最大限度地利用教育资源。遵循标准化建设的原则，可以让实践教学的教学内容、教学评定得到更好的规范，让教学制度得到更好的执行，可以跟全社会的资源进行协作，高效地利用学校和企业之间的合作关系，还可以持续地建立起思想政治理论课实践教学的协同机制，确保实践教学的每一个环节都得到规范化的发展。

（三）高校思想政治理论课实践教学模式的作用

1. 高校思想政治理论课实践教学模式能够规范实践教学

随着信息技术的进步和时代的发展，思想政治理论课的教学改革也在不断进行。其中，实践教学的重要性也越来越被重视。实践教学是一种教学方法，通过让学生亲身参与实践活动，使得学生在实践中获得知识和技能，提高学生的动手能力和实际操作能力，从而更好地将理论知识转化为实践能力。在高校思想政治理论课中，实践教学同样非常重要。因为思想政治理论课的教学不仅要传授理论知识，更重要的是要培养学生的思想觉悟和实践能力。而实践教学正是能够帮助学生将理论知识转化为实践能力的有效途径。因此，构建科学合理的高校思想政治理论课实践教学模式是提高实践教学质量的有效方式。这种模式需要科学理论的指导，充分利用教学资源，选择适合的实践教学形式，构建保障机制和评价体系，形成规范的实践教学体系。

首先，科学理论的指导是实践教学模式的基础。只有在理论指导下，才能更好地开展实践教学。其次，要充分利用教学资源。高校拥有丰富的教学资源，包括实验室、科研基地、社会实践基地等，这些资源可以为实践教学提供必要的支持和条件。接下来，选择适合的实践教学形式也非常重要。实践教学形式丰富多样，比如实验教学、案例教学、社会实践等，需要根据不同的课程和学生需求选择合适的形式。此外，构建保障机制和评价体系也是必不可少的。要确保实践教学的安全性和有效性，同时也要对学生的实践能力进行评价和反馈，以便不断完善实践教学模式。

2. 高校思想政治理论课实践教学模式能够指导实践教学

实践教学模式从根本上克服了传统的教育理论与实际相脱节的弊端。高校思想政治理论课的“实践性”教育是一种将“理论”与“实际”联系起来的“桥梁”。此外，实践教学模式还具备一定的可操作性和可移植性，在实践教学模式被建立起来之后，老师们就可以直接用它来对实践教学进行指导，而不需要在实际工作中从零开始去摸索。

3. 高校思想政治理论课实践教学模式能够提升实践教学的实效性

教学模式对于教学效果的提升具有重要作用，甚至能够达到高效的效果。然而，每种教学模式都应该相对于特定的教学目标来讲，才能最大程度地发挥其价值。因此，教学模式的价值在于解决特定问题时的优越性。在高校教学中，思想政治理论课教学质量的提高，需要高校教师们不断探索适合本门课的教学模式。经过实践证明，高校思想政治理论课实践教学模式被证明是行之有效的教学经验的概括总结。教师采用教学模式并把握其实质，能够克服教学实践的盲目性，增强实践教学的实效性。

第二节　高校思想政治理论课实践教学模式的基本框架

思想政治理论课实践教学模式的构建，需要在坚持以上原则的基础上，通过目标分析、结果预测、效益评估以及对影响教育教学活动的各要素进行调整和整合，形成适用于学校自身特点的实践教学模式。

一、坚持“八个统一”教学指导思想

思想政治理论课是高校教育中的重要一环，也是落实立德树人根本任务的关键课程。而如何构建一种新型的思想政治理论课实践教学模式，成了当前需要解决的重要问题之一。在这个问题上，“八个相统一”思想成了构建新型思想政治理论课实践教学模式的科学理论依据。

“八个相统一”思想是习近平总书记在思想政治理论课教师座谈会上提出的，主要内容为：政治性和学理性相统一，价值性和知识性相统一，建设性和批判性相统一，理论性和实践性相统一，统一性和多样性相统一，主导性和主体性相统一，灌输性和启发性相统一，显性教育和隐性教育相统一。这些相统一的要求深刻揭示了思想政治理论课教育教学的基本规律，准确反映了思想政治理论课教育教学的本质和要求。

同时，“八个相统一”思想也高度契合了思想政治理论课实践教学互动、理实一体、显隐结合、知行统一的教学特点，这不仅要求教师在教学中发挥主导作用，还要求学生成为教学过程中的主体，通过实践学习与理论知识的结合，培养学生的创新精神和实践能力。这样的教学模式既能够提高学生的学习效果，又能够促进学生的全面发展，对于思想政治理论课实践教学具有重要的指导意义。

二、构建协调、高效的组织领导体制和工作机制

思想政治理论课的实践教学一直以来都是一项复杂的教学活动，需要多方共同参与和支持。为了保障实践教学的顺利开展，需要建立规范的领导体制，包括学校党委直接领导、分管校领导具体负责、各部门和机构各负其责并协同配合，这样才能确保教学活动的顺利推进和落地。

除了建立规范的领导体制，还需要建立学校与行业企业、社会组织协同开展学生思想政治教育的长效机制，加强学校与各种社会组织和力量的联系。这样可以将社会资源充分调动起来，为学生提供更加丰富的学习资源和实践机会。同时，也可以帮助学生更好地融入社会。在建立协同机制的同时，还需要建立稳定的经费保障机制，划定专项资金，为实践教学提供经费支持。这样才能保障实践教学活动的顺利推进和落地。

三、构建以学生为主体的教学策略

实践教学与理论教学的根本区别在于教学主体的差异性上。理论教学着重知识传递，教学的主体是教师；实践教学着重学习体验，教学的主体是学生。因此，思想政治理论课实践教学必须遵循实践教学的规律，构建以学生为主体的教学策略。

（一）注重提升学生的问题意识，把握大学生主流意识形态体验的独特境遇

随着社会的不断发展，人的思想也会受到现实物质生活的影响。尤其对于大学生来说，他们处在一个充满各种思想流派的社会环境中，其思想更是会受到主流意识形态的影响。因此，大学生并不是在真空中认识主流意识形态。相反，他们通过自己的个体化体验，从多个维度体验和感知主流意识形态。

大学生需要主流意识形态鼓舞信心和传递力量，这种鼓舞和传递的力量可以来自社会主流意识形态。大学生对社会主流意识形态的体验

是认知主流意识形态的切入点。大学生作为社会的一员，他们所面临的问题和困境是社会主流意识形态的反映。通过关注和解决大学生所面临的问题，可以更好地了解和把握主流意识形态。

（二）给大学生自我价值观的表达创造更多机会

作为当代中国的未来栋梁，大学生们对于思想动态、政治、历史事件和当代中国发展问题的关注、期待与困惑交织。他们希望自己关切的问题能够引起社会的讨论，以此得到解答，同时也希望自己的价值观能够得到印证和矫正。

大学生需要自主、直接、积极、独立的表达，否则学习会变成照抄照搬，变成收集箱而不是处理器。因此，实践教学应该增强开放度，推动各种对话和讨论，使得实践教学成为大学生呈现思想困惑、寻求思想指导和帮助的平台。

如果大学生的价值诉求得不到合理的、科学的、正式的表达，他们就会寻求其他途径，这样既会增加风险和成本，也会影响到他们的学习和成长。因此，在实践教学中，学校可以引导大学生通过各种渠道进行表达，例如通过课堂讨论、写作、演讲等方式，让大学生们能够主动表达自己的想法和观点。此外，学校还可以通过开设社会实践、实习等课程，让大学生们更好地融入社会，了解社会的运作和问题，从而更好地理解自己所学的知识。

（三）把握大学生的理想主题

实践教学本质上是服务于大学生对自由全面发展的追求。我们不能离开大学生的成长主题来谈论实践教学。作为社会的未来建设者，大学生需要掌握更加理性、客观、自我批判的思维方式，以获取更佳的社会资源，保持更独立的价值判断和追求。同时，在实践教学中，教育者应积极鼓励学生的尝试，给予宽容、呵护和爱护，以培养他们的自信心和创新意识。

大学生是国家最为宝贵的后备资源和创新力量。因此，大学生与国家之间的关系上，需要超越个体无规范、无约束的始源性追求，同时遵守法治思维和底线思维。大学生个体与国家之间需要实现目标和理想的结合，发挥自我价值的辐射意义。

在大学生实现自我理想的过程中，需要实现政治认同的反思、自我批判与超越。理解和看待大学生个体理想与主流意识形态之间的关系，需要实现理想原则与政治原则的统一。只有这样，大学生才能更好地为建设祖国的未来做出自己的贡献。

（四）助推大学生发扬奋斗精神

大学生应该形成独立见解，以自己的理想为中心，兼收并蓄，走自己的路。这些看似简单的词语，却蕴含着深刻的意义。作为一名大学生，不应该只满足于学校的知识，而是应该拓宽自己的视野，拥有独立的思考能力和见解。

当代大学生应该树立共产主义的远大理想，增强对中国特色社会主义的信念，增强对实现中华民族伟大复兴的信心，并将个人的理想追求融入党和国家事业当中，把个人理想融入新时代奋斗中。理想不同于目标，它是人生的追求和信仰。大学生应该坚守自己的理想，即使在遇到挫折和困难的时候也不要放弃。大力弘扬伟大奋斗精神，牢记总书记嘱托，以奋斗姿态激扬青春。

经过全党全国各族人民持续奋斗，中国实现了第一个百年奋斗目标，在中华大地上全面建成了小康社会，解决了绝对贫困问题，正在意气风发向着全面建成社会主义现代化强国的第二个百年奋斗目标进行。大学生应该积极参与，并为之努力奋斗。大学生也将见证和参与这个国家未来多年的发展，这是一个充满机遇和挑战的时期。

四、精心构建实践教学体系

高校思想政治理论课的实践教学系统的构建，是高校思想政治理论课实施过程中的一个重要环节。在思想政治理论课实践教学体系的构建中，应充分考虑课程体系目标的正确性、内容的科学性、方法的创新性、职业特色的鲜明性。思想政治理论的实践教学目标要清楚、明确，即要在习近平新时代中国特色社会主义思想指导下，在“中国特色社会主义核心价值观”的指导下，把“以提高学生的思想政治素养”的教育理念与方法运用到“以人为本”的教育之中；把立德树人作为教育工作的根本任务,以培养大学生正确的世界观、人生观、价值观为己任,为社会培养出德智体美劳全面发展的优秀人才。思想政治理论课实践教学内容体系构建要正确,须符合两个要求。

(一)要结合课程的特点和学生的学习情况

首先,要将理论教学的内容、要求和特点体现出来,并强调其难点和重点,使实际教学与理论教学密切联系,并将其有机融合。同时,还需要根据学生不同年级、不同专业背景、不同就业需求的情况,来制定不同的实践教学方案,并设置不同的实践教学主题,编写与之相对应的实践教学指导用书。

(二)要紧跟时代反映学生需求

要准确把握国家发展大势,反映时代要求,准确把握学生思想实际和身心发展的特点,实践教学内容一定要贴近学生、贴近生活、贴近实际。思想政治理论课实践教学方法体系的创新要体现在观念、模式和技术三个方面。

观念创新指的是要改变传统的以教师为主体的单向输出型的教学方法理念,强化以学生为主体的互动式、主动参与型的教学方法理念,使师生之间要从知识上下传递的关系转变为互相交流、互相学习、教学相长、共同成长的关系。

思政课实践教学需要从传统的信息加工教学模式向人格发展教学模式和社会交往教学模式转化。这意味着,高校需要更加注重学生个人的成长和社会交往能力的培养。在思政课实践教学中,需要强调的不是简单的知识传导和信息加工,也不是简单的校内实践活动,而是让学生认识到,学生必须在社会中成长,人格发展必须在社会中进行雕琢和磨炼,需要与社会的广泛交往以及全社会的共同参与和帮助。因此,需要让学生走出校园,走向社会,去了解社会的现状和问题,去感受社会的温暖和冷漠,去体验社会的艰辛和欢乐。在实践教学中,引入各种社会力量和社会资源,这样才能真正地将学生与社会联系起来,让他们在实践中获得更加丰富的经验,提升社会交往能力和人格素质。同时,在全社会形成大思政教育的格局,让更多的人参与到思政教育中来,共同为学生的成长和发展贡献力量。

技术创新已经在科技不断发展的情况下成为实践教学必须紧跟的步伐。教学需要不断地更新、改进，以使学生能够跟上时代的步伐。因此，学校应该注重网络课程的开发和应用，加强实践教学网络资源的建设，以满足学生在学习中的需求。强化对现代网络信息技术的应用也是非常重要的。学生需要正确使用网络进行学习，搜集有效的网络信息资源。推进虚拟现实技术和人工智能技术在实践教学中的应用也是非常必要的。这些技术可以丰富实践教学资源，拓宽实践教学手段，并提升实践教学效果。虚拟现实技术可以为学生提供更真实的体验，帮助他们更好地理解学习内容；而人工智能技术可以根据学生的学习情况，智能地调整教学内容和方法，提高教学效果。因此，学校需要引导学生正确使用创新性技术，以帮助他们更好地学习和提高自己的综合素质。

思想政治理论课实践教学体系特色要鲜明，指的是在构建实践教学体系时一定要结合学校的区域特点和行业特色，紧跟区域发展优势，贴近行业发展需求，充分利用好区域和行业的政策优势，深入挖掘实践教学资源，开展具有区域和行业特色的实践教学活动。

五、构建科学的实践教学考核评价模式

为了更好地促进学生的学习效果和教师的教学发展，思想政治理论课实践教学的考核评价应该包括对教师教学质量的考核评价和对学生学习情况和学习效果的考核评价。

对教师教学效果的评价主要应从教师的知识储备、教学能力、教学过程的组织管理以及学生的学习效果反馈等方面来进行。这样的评价可以及时发现教学中存在的问题，并为教师提供改进和提升教学水平的机会。

同时，建立评教与评学紧密结合的评价模式，把学生的学习效果与教师的教学行为关联起来，通过对教师实践教学的考核评价来促进教师的教学发展。这样的评价模式可以让教师更好地了解学生的学习情况，及时调整教学内容和方法，为学生提供更好的学习体验和效果。

对学生学习效果的评价主要应从学生的知识、能力的获得情况来进行。这样的评价可以更好地反映学生的学习状况，为学生提供改进和提升学习效果的机会。思想政治理论课实践教学的考核评价模式必须摒

弃静态考核、单一形式考核、知识考核等传统的思想政治理论课考核模式。建立符合思想政治教育的基本规律、大学生心理发展的基本规律和大学生成长成才基本规律的实践教学综合评价体系,构建以过程考核为原则,以项目考核为重点,以动态考核、多形式综合考核、能力考核为主的实践教学考核评价模式。考核的过程要体现持续性,考核的内容要突出针对性、重点性、职业性,考核的方式要体现实用性、有效性和可操作性,考核的结果要体现准确性、客观性和公正性。这样的考核评价模式才能更好地反映学生的学习和教师的教学情况,真正为学生和教师提供更好的支持和发展机会。

第三节　高校思想政治理论课“四位一体”实践教学模式的构建

一、高校思想政治理论课“四位一体”实践教学模式的内容

“四位一体”实践教学是根据“理实结合”与“整体育人”的教育原则,立足于高校思政课的主要位置,以理论与实践、线上与线下、课内与课外有机结合为特征的“四位一体”实践教学模式。“四位”即课内实践教学、社会实践教学、专业实践教学、网络实践教学,“一体”就是以授课为主要内容的理论性授课,紧密结合课程内容,让学生自己进行新闻回顾,热点聚焦,历史评论;在进行诸如经典学习这样的教育活动时,要将学生的学习兴趣和学习热情都发挥出来,这样才能加强思想政治理论课的理性和逻辑性。

(一)课内实践教学

课内实践教学在教师的组织领导下,立足理论知识,将研究式学习、案例分析、无领导小组讨论等形式作为载体,围绕思想政治理论课实践教学目标的主题,主要有以下几种形式。

1. 课内实践教学的分组教学形式

分组教学是指将学生按照一定的标准划分为若干小组,在教学过程中,通过小组互动、协作和竞争,来实现知识的传授和能力的提高。分组教学是一种创新的教学模式,它可以锻炼学生的合作能力和竞争意识,提高学生的自主性,并促进学校与社会的衔接教育。

在分组讨论中,可以采用无领导小组讨论,帮助学生充分表达自己的想法,并借鉴评价技术。无领导小组讨论是指在小组中没有明确的领导者,所有成员平等地参与讨论。这种讨论方式可以激发学生的思考和创造力,增强学生的自信心和主动性,促进学生的思维发展和语言表达能力。

分组讨论要求引导者积极引导讨论过程中的峰值和终值,使学生主体对课内实践教学的体验更加愉悦和充实,从而激发学生主体对思想政治理论课的学习热情。引导者在分组讨论中的作用非常重要,他们需要引导学生思考问题、提出观点、表达意见,并帮助学生总结讨论的结果。只有引导者做好了这些工作,才能让学生在分组讨论中获得最大的收获。

要想实施分组教学,需要遵循相关流程。具体而言,教师需要先讲授相关理论,让学生对分组教学有一个全面的认识。接着,教师需要制定分组讨论的具体题目,以便学生在小组中展开讨论。随后,学生们需要进行分组讨论,进行深入的交流和学习。最后,每个小组需要对分组讨论的成果进行展示,教师也需要对分组讨论的结果进行评价。这些流程的规范实施,能够保证分组教学的有效性和高效性。

分组教学对思想政治理论课教师的协调能力和教学素质有很高的要求。教师需要在分组前,根据学生的认知水平和学科特点,精心设计教学内容,确保学生在小组讨论中能够有效地进行交流和讨论。同时,教师还需要根据学生的不同学习需求和个性特点,合理地组织小组,保证小组之间的平衡性。在分组教学中,教师还需要时刻关注学生的学习情况,及时给予指导,帮助学生解决学习中的问题。

教师在教学主题设定、组别人员分布、教学节奏的把控上都承担着重要的课堂指引者责任。在教学主题设定方面,教师需要根据学生的学习需求和学科特点,确定适当的教学主题,确保学生在分组讨论中能够深入探讨相关问题。在组别人员分布方面,教师需要根据学生的认知水平、学习能力、性格特点等因素,合理地分组,保证小组内部的平衡性和外部的差异性。在教学节奏的把控方面,教师需要掌握节奏的变化,适时地给予指导和引导,确保学生在小组讨论中能够保持高度的学习热情。总之,分组教学对思想政治理论课教师的要求很高,需要教师具备丰富的教学经验和卓越的教学素质。

2. 课内实践教学的翻转课堂形式

翻转课堂是"Inverted Classroom"的中文释译,也可以翻译为"颠倒课堂"。翻转课堂是指重新调整课堂内外的时间,将学习的决定权从教师转移给学生,让学生在课堂上进行主动学习,教师则成为学生的指引者。

翻转课堂强调学生的主动参与,让学生在课堂上充分发挥自己的主观能动性,进行自主学习和思考。教师不再是传统意义上的知识传授者,而是学生的引导者和协助者。教师将重心从课堂教学转移到课外指导,通过网络、视频等多种方式提供学习资源,让学生在课堂上进行实践和探究。

翻转课堂与混合式教学、探究式教学有一定的重合。混合式教学强调教学资源的多样性和课堂外学习的重要性,探究式教学则强调学生的探究和实践能力。翻转课堂将两种教学方式结合起来,让学生在课堂上进行探究和实践,同时通过多种方式提供学习资源。

翻转课堂是对传统教学师生角色、课程传授与管理的一系列变革。它强调学生的主体地位,让学生成为课堂的主人。同时,它也提高了教师的角色定位,让教师成为学生的指引者和协助者。翻转课堂不仅可以提高学生的学习效果,还可以激发学生的学习兴趣和创造力,培养学生的自主学习能力,具有很大的教育意义。

3. 课内实践教学的小班化教学形式

思想政治理论课体系的发展要遵循立体多元协同化的规律。在现代教育体系中,实践教学是非常重要的一部分,而小班教学形式的实践教学则更是备受推崇。其中,思想政治理论课的小班教学,更是在大班授课的教育体制下提出的。这是因为大班授课存在诸多缺点,如学生参与度低、师生互动不足等。近些年国家下发的思想政治理论课文件也严格规定了师生比人数,进一步强调了小班教学的必要性。

小班教学通过控制教学环境内的人数，来提高教学质量的授课制度。在思想政治理论课的教学目标是培养人的前提下，小班教学可以更好地关注学生的发展，提高了思想政治理论课的实效性。

在小班教学体制下，教育者可以更好地根据学生的学习情况，为每个学生提供更加个性化的教学服务，使得每个学生都能够得到更好的教育体验。同时，小班教学也推动了学习共同体的构建，学生之间的互动和交流更加频繁，师生之间的沟通也更加顺畅，这种教学模式可以培养学生们的团队合作精神和创新思维。

（二）社会实践教学

大学生思想政治理论课的社会实践是一项重要的教育活动，其目的在于培养大学生的奉献精神、家国情怀、正确的政治立场，并增长大学生的实践经验。校外实践基地建设是思想政治理论课实践教学的有效平台，可以划分为不同主题的实践教学基地。然而，实践教学基地建设面临着政策保障、经费供给、教学覆盖率低等问题。因此，需要加强高校与社会和政府的多方面联动，实现基地建设的统一化和制度化，利用互联网技术创新建设网络虚拟教学基地。

在实践教学基地的实践活动中，大学生将会接触到各种社会实践主题。例如，通过解读国情政策，大学生可以更好地了解国家的政策和发展方向，为自己的未来规划提供帮助；通过服务社会，大学生可以帮助那些需要帮助的人，同时也提高了自己的社会责任感；通过红色基因传承，大学生可以了解中国共产党的历史和精神，同时也能够培养自己的爱国情怀。这些实践主题都弘扬着社会主义核心价值观，符合高校培养合格社会主义接班人的重要使命。

（三）专业实践教学

随着社会的不断发展，人才的需求也在不断变化。因此，高校的人才培养需要不断地适应社会的需求，提高培养质量。专业实践教学就是一种人才培养方式，它能够将思想政治理论课教学渗透到学生的实习与实训中，以提升人才培养质量。

在思想政治理论课专业教学过程中，要树立“课程思政”与“思政课程”相统一的理念。这样可以使各类专业课与思想政治理论课同向同行，共同构建大思政的育人格局。这种方式可以让学生在专业学习的同时，也能够获得良好的思想政治教育，从而更好地适应社会的需求。

大学生职业素养的核心是立德，职业道德在社会道德体系中具有重要地位。职业素养是大学生个人价值体现的重要表现，因此，要通过思想政治理论课堂这个主渠道，强化思想政治理论课实践的价值传递，将思想政治教育融入大学生专业素质教育的全过程，职业素养是大学生个人价值体现的重要表现，实现思想政治理论课、实践课、专业课三类教育资源的协同，可以让学生在专业实践的过程中获得更好的学习体验，提高自身的职业素养。同时，也可以让学生更好地适应社会的需求。

当前高校思想政治理论课职业素养教育存在难题。这一问题主要表现在思想政治理论课教师自身知识储备不足，缺乏与专业课教师的沟通交流，以及专业实践教学中未深入挖掘各专业的思政内涵等方面。为了解决这些问题，需要坚持“思政”与“专业”的相长，实现思想政治教育的自然切入，把握思想政治理论课教学重点。

《关于加强和改进新形势下高校思想政治工作的意见》中提出“坚持全员全过程全方位育人”。全员育人的重点是认识领域方面育人意识，而全过程育人则要符合教书育人的客观规律。全方位育人要求育人要多角度与多层次。“三全育人”理念的核心是培养高素质人才。因此，高校思想政治理论课教师的职业素养教育应该贯彻“三全育人”理念，注重提升教师的思政素质和专业素养，促进教师之间的交流与合作，深入挖掘各专业的思政内涵，实现思想政治教育的自然切入。

（四）网络实践教学

人类社会的科技革命迎来了互联网时代，截至 2022 年 12 月，我国网民规模为 10.67 亿，较 2021 年 12 月新增网民 3549 万，互联网普及率达 75.6%，保持持续增长的趋势（图 4–1）。

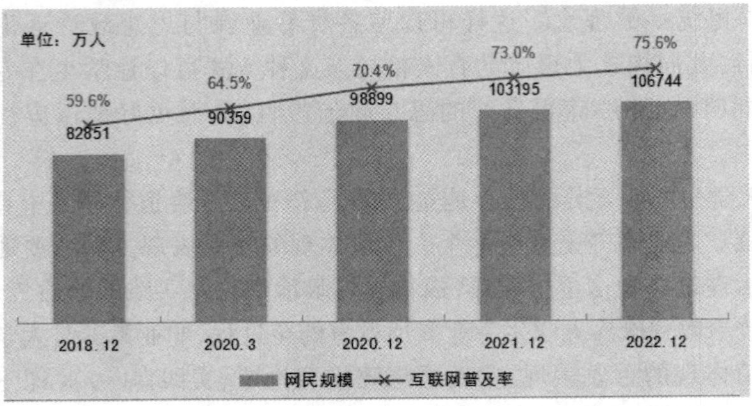

图 4-1　网民规模和互联网普及率

数据来源：中国互联网络信息中心（CNNIC）第 51 次《中国互联网络发展状况统计报告》。

互联网对人类生活、国家发展和世界改造十分重要。互联网技术势必会引导高等教育教学的改革，为实践教学提供新的技术平台。

图 4-2 的数据来源是 IBM 高等教育变革助力中国经济转型的报告，根据图中数据显示，2011—2015 年中国数字化教育平台的投资高出全球数字化教育平台投资的 2%，2015—2016 年高出 24%，截至 2021 年高出 42%，经济的投资为网络教育教学的发展提供了重要的保障，也引领着大数据时代下高校实践教学网络化发展的趋势。

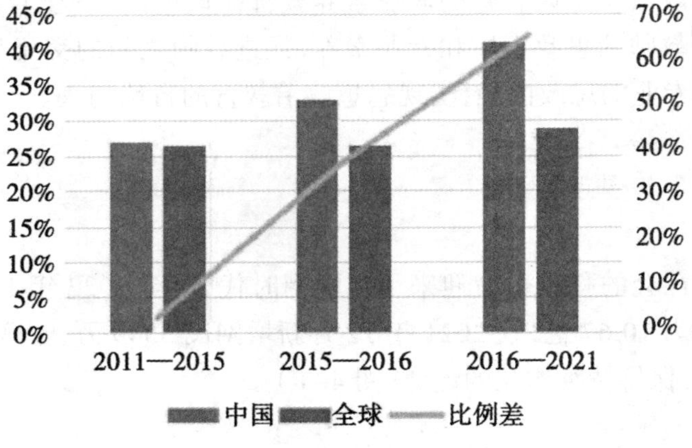

图 4-2　2011—2021 年数字化教育平台投资情况

随着信息技术的不断发展，高校教育也正面临着一场革命。为适应新时代的需求，高校积极投身现代化技术思想政治教育改革，以期提高教育教学的质量和效率。在这个过程中，网络教育技术成了推动教育革新的重要手段。通过互联网教育技术的运用，教育教学内容和方法得到了优化，为情景教学提供了实现条件。另外，网络教育技术也能够增加受教育者隐形教育的接触面，使得学生的学习体验更加丰富和多元化。同时，网络教育技术还能够带来更广阔的教育资源共享。通过在线教育平台，不同地区、不同学校的教育资源可以得到整合和共享，从而更好地满足学生的需求。这也为全球教育一体化提供了重要的推动力量。

第一，网络实践教学为现代教育带来了全新的发展模式，极大地拓展了实践教学的教育资源和载体。通过网络技术，实践教学可以从传统的线下教学转变为在线上进行，这样一来，实践教学的成本大大降低，同时也能够覆盖更广的范围，实时更新，展示生动。这对于学生来说，更具有吸引力和参与性。

第二，网络实践教学促进了大学生的自我教育。通过网络技术，学生可以自主选择参与的实践教学项目，掌握更多的知识和技能，实现线上虚拟实践与线下实地实践的结合，满足大学生的求知需求。同时，网络实践教学也为大学生提供了更加灵活的学习方式，可以在自己的时间和空间范围内进行学习。

第三，网络实践教学引入了多元的教学评价方式，这是传统实践教学所没有的。多元的教学评价方式具有即时反馈性、易统计储存、评价主体更加多元，评价结果更具有科学性等优点。通过多元的教学评价方式，学生可以更好地了解自己在实践教学中的表现和优劣势，更好地规划自己的学习方向和目标，为未来的发展打下坚实的基础。

在探索过程中，教育领域也在不断尝试新的教学模式，以提高学生的学习效果和兴趣。其中，网络辅助教学模式、多元混合式教学模式和“慕课”模式等备受关注。

网络辅助教学模式包括共享网络教学资源、网络平台运行和精品课建设三种方式。共享网络教学资源可以帮助教师更好地选择教材和教学资源，使教学更加丰富多彩；网络平台运行可以提供更加便捷的交流和互动方式，增加学生的参与度和学习效果；精品课建设可以实现课程内容多媒体化，更加生动有趣地呈现给学生。

“慕课”是大规模在线课程的英文全称，其特点是开放性、大规模和自主性。学生可以自主选择课程和学习时间,同时也可以在课程讨论区与其他学生和教师交流,增加学习效果和交流机会。

多元混合式教学的目的是优化教学,依托商用平台实现最优化教学效果。通过不同的教学方式和资源相结合,优化教学效果,提高学生的学习成果和兴趣。

在“四位一体”实践教学模式中,网络实践教学主要是虚拟呈现社会热点难点问题和实践成果,实现实践教学由点到面的“全覆盖”。通过虚拟实践,学生可以更好地了解实际的问题和解决方法,同时也可以增加实践经验和技能。

需要注意的是,网络是双刃剑,正确适度利用可以提高学习质量,不当利用则会导致沉迷的网络隐患。因此,在使用网络辅助教学模式时,需要注意合理安排学生的学习时间,避免过度依赖网络。

(五)“一体”——课堂讲授为主的理论教学

高校思想政治理论课教学的首要任务就是对大学生的内在思想政治结构进行塑造,使其内在精神得到培养,并外化为自身的行为习惯,相对于普通的课程而言,它受到了政治社会变化和意识形态变化的双重影响,这两种变化必然会导致其对应的内容发生变化,因此,追随主流意识形态变化是思想政治理论课实践教学的一种必然。

在高校教学中,课堂是教师进行教学活动的主要场地。在思想政治理论课教学中,课堂教学更是至关重要的。在课堂上,教师需要向学生灌输理论教学内容,让学生在课堂上掌握并理解相关知识。

为了更好地教授思想政治理论课,教师需要根据教室具有的教学设备来设计课堂实践教学方案。同时,鼓励学生集思广益,激发学生的积极性和创造性。这样的教学方式不仅可以提高学生的学习兴趣,并且可以有效地提高课堂教学的效果。

高校需要探索和实践适合自己的思想政治理论课教学模式,以提高教学的实效性。在国内高校,不断探索思想政治理论课教学模式的共同目标是提高教学的实效性。思想政治理论课实效性体现在思想政治素质教育、知识传授、能力培养三大功能的实际效果。

高校思想政治理论课四位一体实践教学模式结构如图 4-3 所示。这种教学模式的结构以课堂讲授为主的理论教学为主体,包含课内实践教学、专业实践教学、社会实践教学、网络实践教学四个方面，这些方面相辅相成，相互影响，这样的教学模式可以使学生在不同的场景下学习相关知识，能够使思想政治理论课实践教学活动更加规范化和体系化，能够更好地达到教学的实效性。

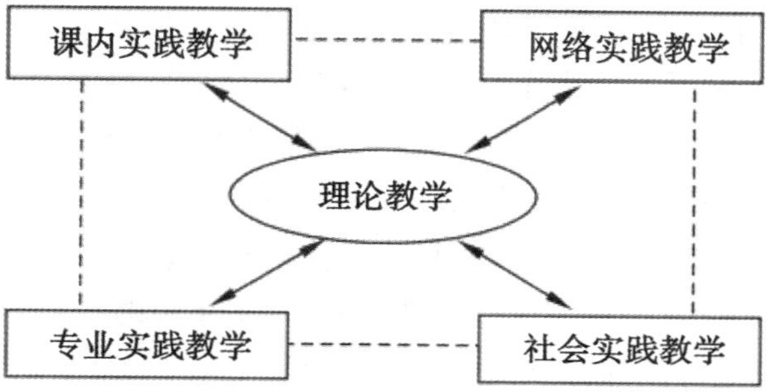

图 4-3　思想政治理论课“四位一体”实践教学模式

二、“四位一体”实践教学模式的影响因素分析

（一）外部影响因素分析

1. 政治环境

政治环境是指一个国家的政治体制、法律法规等因素对这种实践教学方式产生的作用。从我国高校思想政治理论课的历史发展来看，从中华人民共和国成立至今，一直受到高度的关注，高校思想政治理论课的属性也具有了“国家课程”的属性。《国家中长期教育改革和发展规划纲要》（2010—2020 年）明确指出，要通过各种切实途径，发挥对学生的思想引领作用。2017 年被教育部评为全国高等学校思想政治理论课教学的质量年。我国教育部在 2018 年发布的《新时代高校思想政治理论课教学基本要求》中，对实践教学的学分进行了详细的规定。

随着有关部门对这门课程的关注与扶持，为思想政治理论课的发展提供了机遇，使得我国高校思想政治理论课的“政治化”特征日益凸显。国家政策上的支持为高校思想政治理论课教学发展提供了强大的动力。

2. 经济环境

随着中国成为世界第二大经济体，经济环境已经成为影响社会发展的重要因素。经济发展需要教育实现供给侧和需求侧的平衡，二者相互促进、相互影响。而现在，我国社会主要矛盾已经转化为人民日益增长的美好生活需要和不平衡不充分的发展之间的矛盾。高等教育是实现立德树人、增强文化自信的重要渠道，教育的发展不能与经济的发展脱节。

然而，经济全球化是文化全球化的大背景，“互联网 + 时代”的催化和西方经济文化的引入，给高校思想政治理论课教学带来了多元化的冲击，如功利主义、历史虚无主义、拜金主义、文化侵略等。这些消极因素在一定程度上会消解高校思想政治理论课教学的部分效果。

因此，高校思想政治理论课的教学必须适应时代发展的需要，注重贯彻落实立德树人的根本任务。教育者应该积极探索新的教学模式，注重培养学生的思辨能力、社会责任感和创新意识，让学生在学习中感受到价值的力量。同时，高校还应加强对学生思想道德的引导，让他们能够正确看待经济发展的利弊，抵制不良影响，树立正确的世界观、人生观和价值观。

3. 技术环境

科技环境是指科技进步的程度。教育技术的目的是为教育教学提供服务，它可以被划分成两种类型，一种是教育技术，另一种是教师技能，其中微课、VR 教学（虚拟现实混合技术）、在线化教学、翻转课堂是教育教学的主要发展方向，三维教材、移动学习、云计算、人工智能技术等是教育教学的主要技术应用。要提高教学质量，基本上都需要依靠老师的教学技术，而老师对教学技术的认同则是决定教学效果的关键因素。在《2018 中国职业教育技术展望：地平线项目报告》（2018/3/19）中，提出了未来教育的发展方向：从短期来看，为普及信息化驱动、更多地运用混合式教学方式、加快建设开放式教育资源；从中期来看，主要表现为深化学习方法的变革，重新构建学籍制度，以及积极推进跨学科式教育。从长远来看，要转变高校的“大学生”身份，确立“大学生”的创造者身份，推进高校的改革与创新文化，完善高校的运行体制。在这种大环境下，将会对高校思想政治理论课程的发展方向产生深远的影响。

（二）内部影响因素分析

1. 主体因素

（1）教育者主体

教育者主体在高校思想政治理论课教学中的作用非常重要。他们的教学认知、理论水平和实践能力直接影响着学生的思想政治素质和综合素质的提高。

教师的认知态度包括对思想政治理论课实践教学的认知、对教学方式的认知、对教学态度的认知等。这些认知态度的形成与教师的个人素养、教育背景、教育经历等因素有关。

教师的理论水平需要有系统性的学科知识储备，包括当下发生的时事要点、基本理论、心理学的相关发展规律、管理学知识等。这些知识储备对教师的教学能力和教育观念有着重要的影响。同时，教师还需要不断更新自己的知识储备，以适应时代的变化。

教师的实践能力需要具备组织、管理、应急情况解决等指导实践的能力，能够作出合理的设置安排，并能达到相应的教学目标预期。教师需要具备在实践中发现问题并解决问题的能力，以及不断探索新的教学方法和教学手段的能力。这些实践能力是教师教学质量的重要保障。

因此，高校需要重视教育者主体的培养和发展，促进其全面发展，提高教师教育教学质量，不断推进高校教育事业的发展。

（2）受教育者主体

高校大学生作为受教育者主体，是高校思想政治理论课实践教学的重要对象。具体可以通过对学生主体的认知、思想品德、智力素质和能力素质进行分析，更好地了解大学生的学习情况和教育需求，进而提高思想政治理论课的实效性。

首先，学生主体的认知是指学生对理论及实践教学的重要性的认识程度。在学生认知程度高的情况下，他们更容易理解和接受思政课的教育内容，从而更好地提高自身的综合素质。因此，高校应该通过多种方式提高学生的认知水平，包括课程设置、教学方法、教材选择等等。

其次，学生的思想品德是指学生价值观的树立和思想的发展状况。在大学生活中，他们需要逐渐建立正确的世界观、人生观和价值观，并将其贯穿到日常生活中。因此,思政课应该强化对学生思想品德的培养,引导学生积极参与社会实践,锻炼自身的思想品德。

再次,学生的智力素质主要指学生对理论知识的学习程度。在大学生活中,学生需要不断充实自己的知识储备,提高自身的综合素质。思想政治理论课应该重视学生的智力素质培养,采用多种教学方法和手段,促进学生的知识学习和思维发展。

最后,学生的能力素质主要是学生参与实践教学的能力表现。在大学生活中,学生需要通过实践活动锻炼自身处理问题的能力、完成教学任务的能力、与老师和同学之间沟通的能力、创新能力,等等,提高自身的综合素质。因此,思政课应该注重学生的能力素质培养,通过创新教学方法和实践课程,提升学生的实践能力和综合素质。

(3)高校主体

高校作为教育功能组织,具有主体地位,其在国家经济和社会发展中的作用非常重要。高校主体的影响因素包括认知和管理两个方面。

在认知方面,高校应将思想政治理论课教学工作摆在更加突出的位置,注重教学质量。这是因为高校教育的本质是培养学生的思想政治素质,使其成为具有高度道德素质和社会责任感的人才。因此,高校应在思想政治课教学中加强理论研究和实践教育的结合,推动学生思想政治素质的提升。

在管理方面,高校需要完善实践教学模式的运行。要实现这一目标,需要高校各部门分工明确、责任清晰、齐抓共管,制定相应的规章制度。高校应该加强实践教学的实效性和针对性,推进教学与实践相结合的教学模式,激发学生的创新能力和实践能力。此外,高校教务管理部门也需要做好相应评价体系的量化,以确保教学质量和教学效果的全面提升。

2. 客体因素

在思想政治教育过程中客体是教育主体的行为对象,包含教育过程中的所有要素。客体诸要素间经过合理的匹配形成合力,提高教育效果。

(1)实践教学的决策

决策是最优化选择的过程,不同类型的决策会有不同的方法和策略。根据不同的划分方式,决策可以分为不同的类型,如集体决策和个人决策、规范性决策和非规范性决策、战略决策和一般决策。决策的实行需要遵循一定的程序，一般是按照提出问题、解决问题的思路来实施决策，具体来说就是，先找出问题，然后找到问题的主要矛盾，接着制定决策目标和可行的方案，经分析，对方案进行评估与优化，最后对方案进行评价与反馈。我们可以在决策目标中找到实践教学的目标，促进实践教学的长远发展。

（2）实践教学的实施

实践教学的实施包括个性内容和共性内容，其中个性内容是指根据学生的不同需求和兴趣，为其量身定制的特殊课程；共性内容则是指所有学生都需要学习的内容，如基础知识和技能等。四位一体实践教学模式则是指通过课内、社会、专业和网络实践教学，实现学生全面、系统、实践性的培养。

（3）实践教学的调节保障

实践教学的调节保障是实现实践教学的重要保障措施，它包括制度、物质、社会和人才方面的保障。制度保障是指制定相关的政策和规定，明确实践教学的目的、内容和要求，保障教学质量和安全。物质保障是指提供必要的教学设施、器材和材料等，以满足实践教学的需要。社会保障是指与社会各界合作，为学生提供更广泛的实践机会，让他们接触到更多的实践环境和实践经验。人才保障是指培养优秀的实践教育人才，以提高实践教学的质量和水平。

（4）实践教学的评价反馈

实践教学的评价反馈是实现实践教学的重要手段之一。它需要收集和加工实践教学的反馈信息，包括学生的学习效果、实践环境的质量、教师的教学水平等方面。通过对这些信息的反馈和分析，可以找到教学中存在的问题和不足，提出解决方案，提高教学的实效性。同时，实践教学的评价反馈还可以用来对教师和学生进行绩效评价，以促进教学质量的不断提高。

3. 安全因素

（1）文化安全因素

文化安全原则是保护本民族文化特性，防止异质文化的渗透和侵犯的基本原则。在互联网技术的发展影响下，传统语言交流和行为规则不断受到挑战，因此文化自信是国家和民族文化旺盛生命力的保证。在这样的背景下，思想政治理论课成为具有文化底蕴的系统工程，应该紧紧围绕凝聚价值理念，增强文化自信。

在高校中，思想政治理论课实践活动主题应紧紧围绕社会主义核心价值观、时代精神和中华优秀传统文化，着重增强高校思想政治理论课文化力量。这样可以在学生中培养出文化自信，提高他们的文化素质，让他们更好地传承和弘扬中华优秀传统文化，同时也可以更好地适应当今社会的发展和变化。

因此，在思想政治理论课实践教学主题中，文化安全性也是非常重要的。必须遵循文化安全原则，确保实践教学主题的安全性。这样可以避免异质文化的渗透和侵犯，保护本民族文化特性，防止传统价值观受到冲击和破坏。

（2）人身安全保障因素

安全问题对思想政治理论课实践教学活动的开展至关重要。然而，许多安全事故可以提前预防，这些事故的原因通常是因为缺乏相应的安全预案、实践者自身的安全意识不足以及实践教学基地的设施安全检验不到位。

为了保证实践教学的顺利开展，需要完善实践活动的安全保障机制。这包括事先准备好安全预案和应急处置方案。这些方案应该详细规定如何避免和处理各种安全问题，以保证实践教学的安全性。

学校应该建立实践教学安全的强制保险制度，为实践教学的推行拓展提供风险支撑，同时也提高了学生和教师的安全意识。

除此之外，高校还应该建立长期稳定的社会合作实践教学基地。学校的保卫处和学工处要定期对实践基地进行检查，以确保其设施和环境的安全性。如果出现安全隐患问题，学校应该及时协调解决，以保证实践教学的安全性和顺利开展。

4. 环境因素

（1）课堂环境。良好的课堂环境不仅能够使学生更好地学习，还能够增强学生的自律性和自信心。为了实现这一目标，塑造师生共同参与的和谐课堂环境是至关重要的。这需要师生之间的相互配合和支持，同时也需要奖励与惩罚并存。在这样的环境下，学生可以更好地理解和遵守规则，同时也能够提高自己的学习信心。课堂环境并不仅仅包括物理环境，还包括心理环境。因此，为了营造一个和谐的课堂环境，我们需要同时兼顾这两个方面。在物理环境方面，我们需要创造一个舒适、安全、干净的学习空间，这包括教室布局、温度、照明、设备设施等方面的考虑。在心理环境方面，我们需要关注学生的情感需求、自尊心和自信心，这需要教师在教学中展现出友好、关心和支持的态度，同时也需要帮助学生树立正确的学习态度和价值观。

（2）校园环境。一个良好的校园环境对大学生起到耳濡目染的重要作用。校园建筑设施、景观绿化、广播站、文化标语等都是承载着精神文化的物质载体。这些元素可以让学生感受到校园的文化氛围，增强他们的文化认同感和归属感。因此，我们需要重视校园软实力的建设，营造充满正能量的校园环境。

（3）网络环境。网络虚拟教育环境是教育建设的未来趋势，而新媒体技术则是先进思想主阵地。在这样的背景下，如何发挥新媒体优势，解决创新与形式化和泛娱乐化之间的矛盾，建设资源丰富、内容健康和谐的网络环境，成为教育工作者需要思考的重要问题。

（4）社会文化环境。人类的生产发展创造了社会文化，社会文化渗透在人们生产生活的方方面面，思想政治理论课实践教学的方向必须与社会文化大方向保持一致，教学内容和目标也必须与社会发展需求相符合。同时，社会主义核心价值体系应该引领价值取向，引领主流价值观的发展方向。

高校作为培养人才的重要场所，应该做好价值观融入校园生活的工作，这包括帮助学生完善是非观和辨别能力，建设立德树人的育人大环境。通过多方面的宣传和引导，让学生明确正确的世界观，形成正确的人生观和价值观，成为具有高度社会责任感和创新能力的优秀人才。

三、高校思想政治理论课“四位一体”实践教学模式的实施路径

（一）实践教学管理制度化建设

近年来，社会发展迅速，教育也面临着许多新的挑战。为了更好地培养学生，学校需要改变教育观念，形成协同育人管理制度。学校应该将思想政治理论课实践教学以高校党委为统一领导。这样做可以形成统一的教学思路和管理模式，从而更好地引导学生，让他们在学习中得

到更多的帮助。为了更好地推进思想政治理论课的教学，学校还应该成立思想政治理论课建设小组，并形成联动机制。这样可以让各个部门更好地协作，共同推进课程建设。宣传部门也要做好思想引领工作，所有教职员工都应该参与到思想政治教育中，共同发挥作用。

（二）实践教学设计规范标准科学化、可执行

要让思想政治理论课实践教学达到预期效果，需要进行规范化、科学化、可执行化的教学设计。

第一，实践教学的课程设计要落实学分制，具有规范性和创新性，并为学生发挥主观能动性留有空间，这样可以保证学生在实践中能够得到足够的学分和实践机会，同时也能够创造性地应用所学知识。

第二，实践教学的内容要实现“博学、慎思、笃行”的结合，既要学习理论知识，又要提高思维逻辑能力和实践能力。这样可以让学生既能够理解知识的本质，又能够将知识运用到实践中。

第三，教材体系的设计要将重难点转化为实践教学内容的重难点，实现准确化衔接，教材使用可以建设实践教学手册，为实践教学成果测评提供支撑。这样可以让学生更好地理解教材内容，同时也能够将教材内容与实际操作相结合，提高学生的实践能力。

第四，教学方法可以尝试将实践教学课程作为独立课程纳入人才培养方案，打破局限性，扭转从属性地位。这样可以让实践教学课程更受重视，同时也能够提高学生的实践能力，有助于学生将来更好地适应职场。

第五，教学方案要具有探索性和创新性，充分利用各种教育技术资源，教师要结合自己擅长的领域进行主题授课。这样可以让学生更好地掌握知识和技能，同时也能够提高学生的实践能力和创新能力。

（三）实践教学组织实施

近年来，教育部门一直致力于提高教师的教学水平和实践教学的覆盖率。实行教师责任制能够提高教师的责任感和自我管理能力，从而更好地完成实践教学任务。贯彻落实思想政治理论课教师集体备课制度和听课制度也是非常重要的。通过集体备课和听课，教师可以相互交

流、互相学习、相互提高。这样不仅可以提高教师的教学水平，也可以提高实践教学的覆盖率。

教师对思想政治理论课实践教学的实效性负责，实践教学成果与教师的工作绩效联系。教师需要认真负责地完成实践教学任务，确保实践教学的成果和效益。同时，实践教学成果也会反映在教师的工作绩效上，这样教师就会更加认真负责地完成实践教学任务。

网络实践教学是实现实践教学由点到面的重要途径，是解决实践教学覆盖率、实现教学“全覆盖”的重要举措。网络实践教学可以突破时空限制，让更多的学生参与到实践教学中来，从而提高实践教学的覆盖率。同时，网络实践教学也可以更好地激发学生的兴趣和积极性，提高学生的学习效果。因此，网络实践教学应该得到更多的重视和支持。

（四）实践教学考核体系完整、可操作、可复制

通过实践教学活动能够让学生真实地体验和掌握所学知识和技能。对实践教学进行有效的考核需要建立完整的考核体系，实践教学活动的实施、成绩的评定、奖惩反馈这三个点是不可或缺的，只有贯穿起来才能形成完整的考核体系。

第一，考核的指标要实现直观的量化，符合科学性和严谨性的要求。这要求考核指标要具体、可操作、可测量，从而实现对学生的全面评价。

第二，考核的项目要紧扣实践教学目标的主题，力求全面简便，项目内容容易定性和评分。这样才能让考核与实践教学目标紧密相连。

第三，考核的物质保证包括考核问卷的发放和收集、考核网络平台的运用等一切考核物质支持。这些物质支持可以帮助考核的顺利进行，提高考核的准确性和可靠性。

第四，考核的参与者主体是实践教学的组织者、实践者、教导者，三者要各司其职担负起教书育人的任务，高校内各考核参与部门要分工协作。只有各方积极参与，才能确保考核的全面、客观、公正、有效。

第五，考核的结果反馈是实现考核系统循环的重要环节。通过对考核结果的反馈，可以及时发现问题、改进不足，进一步提高实践教学的质量和水平。

最后，做好考核的奖惩措施是实践教学的发展的推动力。通过特别的奖励和惩罚，可以激发学生的积极性和主动性，促进实践教学的有效

开展。

（五）实践教学双向考核、双向激励

教育是一个社会发展的重要领域，教师和学生是教育中不可或缺的两个角色。一些学校和教育机构开始实施教师学生双考核双挂钩制度，并制定了相应的激励机制，以此激发学生的学习兴趣和主动性。

首先，教师学生双考核双挂钩制度是一种将教师和学生的考核结果联系在一起的评估方式。通过考核评估，将学生的评价与学生的考核连接，从而提高学生的学习兴趣和主动性。同时，该制度也可以激发教师的工作积极性和教学热情，提高教育质量。

其次，激励机制是实现教师学生双考核双挂钩制度的重要手段。该机制可以激发学生主体的学习积极性，增强学生主体的自我认同，凝聚团队合作能力。激励机制主要考核受教育者思想素质、教学过程中的因素、教师的科研能力和学生的创新能力。

最后，对实践教学考核结果进行分析，并对优秀的实践结果给予精神和物质奖励，对不及格的考核结果进行惩罚纠正和一定程度上的限制。

（六）实践教学依托社会资源协调共建

为了更好地发挥实践教学的作用，我们需要依托社会资源协调共建，聚焦育人效果，利用多种教学形式，整合多方资源。

实践教学的育人效果是其最重要的目标之一。为了达到这一目标，我们需要利用多种教学形式，如实验教学、实地考察、实习实训等，让学生在实践中掌握知识和技能，提高实际操作能力和解决问题的能力。

资源整合是实践教学的重要手段。这种整合分为人和物两个层面。在人的层面，我们需要引入“双导师”制，既有高校教师，也有企业和社会专家，以更好地培养学生的实践能力。在物的层面，我们需要建设社会实践教学基地，整合社会资源，为实践教学提供必要的物质条件。此外，我们还可以充分利用网络思政教学平台，构建线上线下相结合的实践教学模式，提高实践教学的质量和效率。

资源共建也是实践教学的重要手段。高校与当地、高校与企业、高校与高校之间的资源共建,可以让实践教学更加丰富多彩。高校可以利用当地资源,建设实践教学基地,开展实践教学活动。与企业合作,可以让学生更好地了解市场需求,提高就业竞争力。与其他高校合作,可以共享资源,加强交流合作,提高教育质量。

推进实践教学的全覆盖,需要切实做好思想政治理论课实践教学第一课堂、学生社团活动与社会实践第二课堂、网络实践课堂贯通对接。这样可以让学生在不同层面、不同领域、不同形式的实践中全面提高实践能力,真正做到理论与实践相结合。

第四节　积极体验式教学模式在高校思想政治理论课实践教学的应用

一、积极体验式教学模式的基本界定

(一)积极体验式教学模式的概念内涵

积极体验式教学模式是一种以积极心理学为理论依据的教学模式。它以学生的积极发展为教学目标,以构建和谐师生关系为运行保障,以体验式教学模式为实践基础,以多元化评价为效果反馈。

在教学理念方面,积极体验式教学综合了积极心理学“以人为中心”的理念和体验式教学“以学生为中心”的思想;秉承了积极的人性观,充分信任学生;弱化了“工具主义”精神,与以往的“传授式”教学划清界限,具有全面的成效观。

在育人目标方面,积极体验式教学模式注重学生的人格完善,提高学生自我实现的内在动机,培养学生积极力量和幸福能力,体现了人本主义思想。

在教学关系方面,积极体验式教学提倡构建和谐的师生关系。教师与学生、学生与学生之间是平等的伙伴关系,共同营造一种正向、积极的教学氛围,体验到喜悦、感激、宁静、兴趣和希望等积极情绪,构建和

谐的师生关系。

积极体验式教学模式强调学生的积极情绪体验，挖掘生活化的教学内容，通过教师精心创设情境，引导学生主动探索和亲身体验，在反思与讨论中将体验升华为经验，最终达到指导实践的目的。多元化评价反馈学生的学习效果，促进学生的综合素质提升。

在教学策略方面，积极体验式教学模式不仅关注学生的认知和技能的培养，更重视学生的情感和人格的培养。教师不再是传统的知识传授者，而是学生的引路人和指导者，通过情感沟通、认知引导、体验创设等方式，促进学生的全面发展。

在教学效果评价上，积极体验式教学模式主张建立一个基于教师、学生两个层面，从发展性、过程性、形成性、总结性等角度出发的多元化立体评价体系，最终实现对教学效果的全方位总结与高效的反馈。

（二）积极体验式教学模式的主要特征

1. 积极体验式教学模式的理念具有正向性和情感性

积极体验式教学的核心是正向性，它注重挖掘积极情绪的力量，重视积极体验的强化。通过在教学中创设情境，让学生在体验中获得成功、快乐、满足、归属感和自信心等积极情绪，从而促进学生积极心理品质的养成。

在积极体验式教学中，情感性是一个重要的方面。教师需要注重情感体验，通过亲近、鼓励、感悟等方式，让学生感受到学习的愉悦和成就感。同时，教师也要注意情感体验的强化，通过适当的奖励和表扬，强化学生的积极体验和积极情绪，帮助学生形成积极乐观的心态。

2. 积极体验式教学模式的目的具有互喻性和协调性

互喻性教学的理念是指在师生之间建立起相互尊重、平等互助的关系，通过师生互相学习、共同发展，实现教学相长。在这种教学中，学生不再是被动接受知识的角色，而是积极参与课堂活动，发挥自己的创造力和想象力，充分体验学习的乐趣。

积极体验式教学强调协调性，它不仅关注学生的知识掌握，更注重挖掘学生的潜能和优秀品质。通过多元化的教学方式，鼓励学生充分发挥自己的才智和创造力,培养学生的乐观解释风格和积极态度。在这种教学中,学生不仅获得知识和技能,更重要的是提升自身素质和能力,增强自己的自信心和自我认同感。

积极体验式教学认为,拥有旺盛的心灵和掌握知识技能是同等重要的。学生需要通过积极体验来增强对学习、工作、人际交往和娱乐的积极体验,提升自己的主观幸福感和获得感。在这种教学中,学生不仅能够获得知识和技能,更重要的是能够在体验中获得成长和提升自我素质。通过这种教学方式,学生可以更好地适应社会和未来的挑战,成为全面发展的人才。

3. 积极体验式教学模式的氛围具有支持性和激励性

积极体验式教学的核心理念是将学生视为主体,营造一种平等友爱的氛围,打破传统的师生等级和同辈竞争。在这种教学模式下,师生都属于同一个集体,相互支持和帮助。无论是个人任务还是集体任务,当遇到困难时,大家都会尽力提供帮助和支持。

在积极体验式教学中,集体中他人的成功也会成为个人进步的目标和榜样。这种思想是非常重要的,因为它不仅可以激励学生的积极性,还可以促进团队合作和协作精神的发展,培养学生的领导力和团队合作能力。

教师在教学过程中扮演着引导者的角色。他们要适当地给予引导,观察学生外部行为表现和内心情感变化。当学生出现偏离主题或迷茫不解时,教师应该及时发现并提供支持和鼓励。在这个过程中,教师也应该尊重学生的个性差异,让每个学生都能够得到适当的关注和帮助。在组织交流总结时,教师要提出自己的看法并对学生出现的积极情绪进行激励强化,这也是教师在积极体验式教学中的重要职责之一。教师的肯定和鼓励可以激励学生的积极性,增强学生的自信心和自尊心。

4. 积极体验式教学模式的方式具有参与性和互动性

学生的潜能和积极力量是个性化的"能力",这意味着每个学生都有其独特的能力和潜能,需要通过个性化的教育方式来激发和发掘。在现代教育中,积极体验式教学被广泛应用,这种教学方式强调学生的主动探索、亲身体验、协力合作和积极参与,从而能够激发学生的学习兴趣和动力。

然而，仅仅是参与和体验是不够的，反思、概括、总结和交流是帮助学生将情感和经验内化为自身力量的关键。通过反思和总结，学生可以深入思考自己的行为和思维方式，并从中获得启示，形成自己的行为和思维规律。同时，学生需要与他人进行交流，分享自己的经验和感受，从而增强自己的交际能力和表达能力。

在教育过程中，教师需要与学生深入交往与互动，发现学生思想和行为上的合理性成分，帮助分析存在的非合理性成分。教师应该扮演好引导者的角色，通过与学生的互动和交流，帮助学生发现自己的优点和不足，并给予适当的指导和建议。同时，教师需要营造好互动氛围，在师生互动和生生互动中深入交流，从而使学生在互动中获得更多的学习机会和体验。

5. 积极体验式教学模式的效果具有内生性和共享性

内生性主要是指通过引导学生的参与、体验、反思来激发其各种潜能和内在力量。积极体验式教学模式强调学生的自主性和主动性，注重学生的积极情绪和积极人格的培养。在这种教学方法中，每个个体都非常重要，因为积极情绪可以传递共享。教师不再是单纯的知识传授者，而是学生学习的引导者和促进者，让学生在体验中学习，在反思中成长。老师与学生之间、学生与学生之间应该相互信任、相互帮助。首先，教师需要关注每个学生的情感需求，尊重学生的个性差异，给予学生足够的关注和支持。其次，教师需要关注教学方法的设计，让学生在教学过程中有更多的参与和体验，激发学生的学习兴趣。最后，教师需要倾听学生的声音，关注学生的反馈，及时调整教学方法和内容，让学生感到被重视和被关注。

（三）积极体验式教学模式的基本原则

1. 情感性与理智性相统一原则

在教学过程中，情感性和理智性是相互关联、相互作用的，两者不可偏废。情感性通过体验激发学生积极情绪，最终培养学生积极心理品质。在实践中，情感体验可以让学生产生浓厚的兴趣和热情，提高学习效果，同时也可以培养学生的创造力和想象力，激发学生的自主学习能力。理智性则是通过巩固理论知识和锻炼操作技能,培养学习能力。在实践中,理智性可以帮助学生理性思考和分析问题,提高学生的思维能力和逻辑推理能力,进而提高学生的学习成绩和综合素质。

情感体验与知识技能相辅相成,情感性使理智性富有人情味,理智性使情感性具有科学性。贯彻情感性与理智性相统一原则的基本要求有:关注学生的积极情感体验,注重培育学生的积极心理品质,保证教学内容的科学性,提高教师自身的科学理论素质和积极力量。教师需要时刻关注学生的情感体验,激发学生的学习兴趣和热情,同时注重培养学生的积极心理品质,让学生在学习中获得自信和勇气。

2. 积极性与消极性相统一原则

积极性指的是在积极体验式教学的过程中,所引发出来的一种积极的情感体验。例如,在遇到困难而得到帮助时,会流露出一种对他人的期望和感恩,当看到同伴或榜样取得了成功时,会流露出一种鼓舞和钦佩的心情。积极性体验是一种因为自己的努力而获得成功的快意与骄傲情绪。消极情感是指教师在进行正向经验教育时,对他人的负面情感经历,如焦虑、愤怒、内疚等。在正向经验的教育中,不仅存在着积极的情绪经验,同时也存在着消极的情绪经验。人不应该只有积极的情感,也会有消极的情感,如果没有消极的情感,人就会显得轻浮和不踏实,也就我们平常说的"精神胜利法"。请记住,紧张并不意味着惊慌,生气并不意味着发狂,内疚并不意味着羞愧。在以上两种不同的情感对照中,第一种情感都具有积极的含义,能够使人更专注,更善于思考,更善于行动。正确理解消极情感的作用,而不把消极情感看作"无用"和"有害"。在教育过程中,重点创造积极情感体验,在学生产生积极情感的时候,要对其进行恰当的加强,在学生产生消极情感的时候,要指导其进行正确的认知和应对。

3. 直观性与抽象性相统一原则

直观性意味着,在积极体验式的教学过程中,老师应该运用各种不同的教育方法,让学生能够形成生动、具体的感觉体验,让他们能够得到丰富的情绪体验和直接的经验,进而能够对知识进行准确的认识,发展正面素质。所谓的抽象性,就是在进行积极体验式教学的时候,老师应该指导学生对自己的直觉的情绪经验和直接经验展开反思,并对它们进行总结,将它们归纳为一种抽象的理论经验,然后将它们与自己的知识体系相结合。形象化的直觉与抽象的归纳是密不可分的,将形象化与抽象化的方法有机地联系在一起,符合学生对知识的认知规律。所以,在积极体验式教学中,直观体验与抽象反思是两个环环相扣、不可或缺的环节。如果没有直观体验的抽象反思,那就是无源之水,如果没有抽象反思的直观体验,那就是漂水之萍。要实现直观性与抽象性的统一,必须注意以下几个方面:要充实和充实主动的经验型教学的方式,要与学生的生活实际紧密结合,要重视直接的经验。适时地指导学生通过自我反省和归纳,从而获得更深刻的体验,并将其转化为个人的知识体系。

4. 自主性与引导性相统一原则

自主性是指教师在体验式教学中应给予学生探索体验的自主权与空间,突出学生的主体地位。学生能够自主地选择学习内容与方式,根据自己的兴趣与需要来获取知识和技能,从而激发学生的学习动力、提高学习效率。此外,学生在自主探索的过程中也能够培养创新思维、解决问题的能力和自我管理的能力。

然而,自主性教学并不意味着教师不需要进行任何指导和帮助。教师在体验式教学中应时刻观察跟进学生的体验动态,给予适当的引导与建议。引导性是指教师在学生自主探索的过程中,根据学生的实际情况,给予必要的指导和支持。教师应该根据学生的需要,提供一些方法和技巧,帮助学生更好地进行学习和探索,同时也要尊重学生的选择和决定。

罗杰斯提出的"非指导性"教学理论也是一种贯彻自主性与引导性相统一原则的教学方法。在这种教学方法中,教师的任务是允许学生自主学习,提供学习手段,由学生自己决定如何学习。教师在教学过程中更多地充当着学生的顾问或者导师的角色,帮助学生更好地发现问题、思考问题和解决问题。这种教学方法能够激发学生的自主性和创造力,更好地培养学生的学习能力和终身学习的意识。

贯彻自主性与引导性相统一原则的基本要求包括鼓励学生自主体验、强化探究意识、尊重学生主体地位、设置不同体验节点、进行中期报告、提高教师自身的观察能力等。

5. 集中性与持续性相统一原则

积极体验式教学是一种以学生为中心的教学方法，其关键点在于集中性与持续性。集中性是指教师在教学任务中对于内容要有重点、有选择地进行集中的教学。持续性则是指在积极体验式教学中创设延续性的体验情境，培养学生形成积极体验的习惯，使积极体验式教学的效果持续保持。

要贯彻集中性与持续性相统一的原则，教师需要深入了解积极体验式教学的特征，对教学内容进行辨别后，需要在教学中对重点内容进行强调，有选择性地运用集中积极体验式教学。教师还需要不断创新、完善具有持续性的教学方式。在进行积极体验式教学时，教师应该注意到不同的学生有不同的需求和兴趣，然后根据学生的个性和兴趣设置不同的教学任务和体验情境。例如，引导学生每月撰写“感恩笔记”、每周记录“开心三件事”等等，这些途径有助于提高学生的学习兴趣和积极性，增强他们的学习效果。

二、积极体验式教学模式的主要框架

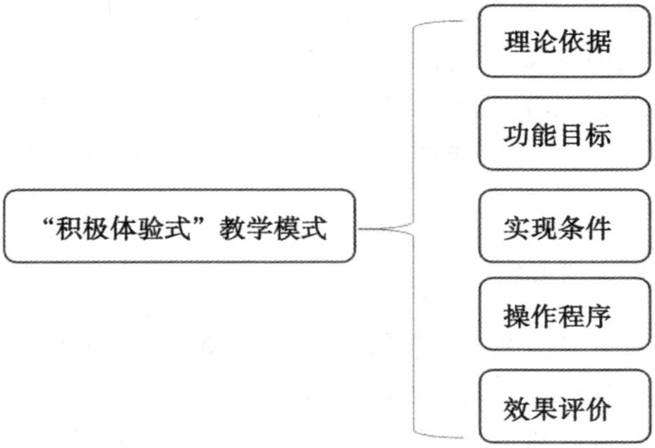

图 4–4　积极体验式教学模式的主要框架

（一）积极体验式教学模式的理论依据

1. 主观幸福感理论

主观幸福感是指个体感受到的愉悦、宁静情绪反应和对整体生活的满足感。这种感觉是每个人所追求的，因为它能给我们带来快乐和满足感，让我们感到生活更有意义。而对于那些主观幸福感高的人，即使处于不利情况下，他们也能够处理好自身的消极情绪，感受到积极情绪，并对未来抱有乐观的看法。这种人通常能够看到事情的好的方面，乐观面对生活中的困难和挑战，因此他们更容易取得成功。相反，主观幸福感低的人更倾向于认为事情会往消极的方向发展。如果他们不善于处理消极情绪，那么他们会困在自己预设的阻碍中，无法看到自己的优势和潜力。这种人通常会感到失落和沮丧，无法享受生活，也很难取得成功。

那么，如何提高自己的主观幸福感呢？有几种方法可以帮助我们更加积极地看待问题。首先，我们可以用更为积极的角度看待问题。很多时候，我们因为自己的消极情绪而忽略了问题的积极一面，这时候我们需要换个角度，从问题的正面看待它，寻找解决方案。其次，我们可以关注生活中的成就与幸事，记住美好时光。每个人都有自己的成就和幸事，只是我们常常忽略了这些美好的事物。因此，我们可以养成一个习惯，每天花一点时间来回顾自己的成就和幸事，从而增加自己的幸福感。

2. 积极情绪建构理论

积极情绪建构理论认为，喜悦、希望、兴趣、感激等积极情绪不仅可以扩展人的思维和行动能力，提高个人优势，而且可以使人的身心健康得到保障。经常体验愉悦情绪的人会形成自我成长的“上升螺旋”，从而在各个方面获得更好的结果。

如何增加愉悦情绪的体验呢？个人可以通过关注事物好的一面，积极思考，以及增加善意的举动来改善自己的情绪。此外，多亲近大自然、做自己擅长的事情、畅想自己的未来，以及与他人建立友好而亲密的关系等途径也能够提高个人的幸福感和满意度。研究表明，当人们积极地面对生活中的挑战和困难时，他们会更容易获得愉悦情绪的体验，这有助于他们更好地应对困境，增强自信心和自我成长。因此，对于个人而言，积极情绪的体验是非常重要的，它不仅可以改善个人的情绪，还可以提高个人的综合素质和竞争力。

3. 积极人格特质理论

人格是由个体的生理特质、行为表现和社会环境相互影响下而产生的“合成物”。这一理论的基础是塞利格曼的“乐观型解释风格”和罗特的归因控制点理论，这两个理论奠定了积极人格特质理论的基础。

人格的形成和发展是个体主动构建的过程。通过增强自身积极体验和培养个人自尊，可以促进积极人格的养成。这意味着个体可以通过学习和实践来改变自己的人格特征，从而达到更积极的状态。

积极人格特质是指那些能够影响个体积极行为和情绪状态的基本特征，这些特质包括乐观、自信、勇敢、有条理、有动力和有目标等。这些特质不仅能够对个体的生活和工作产生积极影响，还能够对社会产生积极影响。

乐观型解释风格是指个体对事物的看法和解释方式，即对困难和挑战的态度。乐观型解释风格可以帮助个体更好地应对压力和挑战，并且更容易获得成功。而归因控制点理论则是指个体对自己的行为和结果的解释方式，即个体是否认为自己的行为和结果是由自身的能力和努力决定的。这种解释方式可以影响个体的动力和行为，从而影响其人格特质的发展。

（二）积极体验式教学模式的功能目标

1. 创设情感体验教学情境，培养积极力量

随着社会发展，心理疾病的发病率不断上升，成了一个全球性的问题。而积极力量则被认为是战胜心理疾病的有力武器。因此，积极力量的培养和强化变得越来越重要。在这个过程中，教师可以发挥重要作用。在课堂中，教师可以引导学生通过互动、参与、探索等方式获取知识，从而在实践中体验积极力量。例如，对于生态保护的教学内容，可以设计实地考察、参观、调研等活动，让学生亲身感受到自己的环保行为

对于生态环境的积极影响。教师可以设计有创意的教学情境,通过创新教学手段和方式,使学生在课堂中感受到积极力量的价值。例如,对于阅读课程,教师可以设计一个读书分享会,让学生在分享中发现和感受到阅读的乐趣和积极影响,从而强化自身的积极力量。此外,教师可以引导学生在体验中反思,在反思中内化。通过课堂反思、小组讨论、个人思考等方式,让学生从体验中发现和分析自身的积极力量,从而自我强化和提升。例如,在一次体验性的教学活动后,教师可以引导学生回顾自己的表现,从中发现自己的优点和不足,进而思考如何强化自身的积极力量。

2. 激发学生内在动机,促进自我发展

内在动机的重要性在于活动者本人对活动的动机,而不是外在的奖励或惩罚。在学生学习中,内在动机对于学生的主观能动性的增加有着重要的作用。如果学生的内在动机较强,那么学生会更加有动力去学习,因为他们自身对于学习的需要与兴趣已经被满足。此外,内在动机水平高的学生在遇到学习困难时,会具有更好的创造性,更愿意主动完善自身知识体系。通过积极体验式教学,学生可以更加主动地参与学习过程,因为他们对于学习的兴趣已经被激发。这种教学方法培养学生的胜任感、效能感,给予学生充分的自由选择权利,让学生更加自主地学习。

3. 转变师生互动方式,形成学友型师生关系

学友型师生关系是指消除师生之间的沟通壁垒与心理隔阂,建立信任与共情,构建民主、平等的师生关系。这种关系的建立有利于教师与学生实现无障碍沟通,使得知识与情感的传递更加高效。此外,学友型师生关系有利于学生向教师及时反馈,促进教师自身的成长与发展,提高职业成就感与幸福感,从而使教学富有亲和力。同时,教师可以更加深入地了解学生的性格特征、感情特点,进而因材施教,提高教学质量。

要实现学友型师生关系,首先要相信学生具有向积极方面发展的潜力。教师应该放下偏见与思维定式,学会全神贯注地倾听学生,鼓励学生发表自己的看法。在教学过程中,教师应该允许学生拥有自己的学习方式,不要强制要求学生按照教师的思路去学习。此外,教师还应该尊重学生的个性差异,不要简单地将所有学生都看作相同的个体,而是要

因材施教，根据不同的学生情况制定不同的教学策略。

（三）积极体验式教学模式的实现条件

1. 教师专业水平

积极体验式教学模式对教师提出了较高的要求。在这种教学模式下，教师需要对自己所教授的专业有深入的了解，并且需要有丰富的生活经验，这样才能够更好地创造出适合学生的教学情境和场地。同时，教师也需要处理好与学生之间的关系，充分信任学生，对学生进行及时、正确的引导和积极的鼓励。另外，在这种教学模式下，教师需要培养学生积极的人格。这需要教师自身具备良好的共情能力、积极的教育观和旺盛的心灵。教师应该充分尊重学生，理解学生的需求，不断改进自己的教学方法，以满足学生的学习需求。

2. 学生自主思考能力

积极体验式教学模式对学生提出了需要亲身体验、交流体验进而升华体验的需要，而且在体验的过程中，学生要对自己的情感进行注意，要知道如何将自己的感受与观点进行表达，还要具备一定的语言逻辑和思维逻辑的能力。从感性到理性，从感知到领悟，从具体体验到抽象概括。这就要求学生既要有基本的理论基础，又要有丰富的生活经历，还要具备独立的思维。

3. 教学环境

教学环境是影响学生学习的重要因素之一，它包括物质环境和精神环境两个方面。在积极体验式教学模式中，精神环境的作用更加突出，因此我们应该更加重视师生之间和生生之间的心态、情感和交往。一个融洽和谐的教学环境对于提高教学效果有着至关重要的作用。在积极体验式教学模式中，教师与学生之间的关系应该是相互成就的，学生与学生之间则是互相鼓励、帮助的。只有在这种和谐的氛围中，学生才能更加自信地表达自己的观点，更加自由地进行学习探究，更加愉快地参与到教学活动中。同时，积极体验式教学模式也非常注重学生的个人发展。在这种教学模式中，我们应该尊重学生的差异性，不去进行学生之间的比较，而是注重每个学生的个人发展。我们应该关注学生的兴趣爱好、学习习惯和学习风格等，帮助他们在自己的领域里实现自我价值。

4. 教学内容

不同的教学模式适用于不同的教学内容，而积极体验式教学模式需要适合体验的教学内容。这种教学模式需要学生积极地参与，通过亲身体验来学习。因此，适合体验的教学内容必须是生活化的教学内容。

生活化的教学内容具有亲历性，更易被学生感知、理解、内化。这种教学内容与学生的生活经验有关，使学生更容易接受和理解。

教师需要有区分应用对象的能力，选择适合体验的教学内容。只有选择适合的内容，教学效果才会更好。教师需要对学生的背景、兴趣爱好等方面进行了解，从而更好地选择教学内容。

5. 教学手段

教学手段包括物质手段和指导有效使用这些手段的方法。在积极体验式教学模式中，教学手段主要指教学的媒介和教学方法。

教学媒介是指教师在教学过程中所使用的各种工具和材料。这些媒介可以大大丰富教学内容，加深学生的理解和记忆。教学媒介包括视听媒介和实物媒介。视听媒介包括投影仪、电视、录像机、幻灯片等，这些媒介可以帮助学生更直观地理解知识点，提高学习效率。实物媒介则包括各种教学模型、实验器材、文物等，这些媒介可以让学生在实践中学习，更好地理解和掌握知识。

教学方法指教师创设的各类情境体验。这些情境可以帮助学生更好地理解知识，增强学生的学习体验和学习兴趣。教学方法包括讲授法、讨论法、实验法、探究法等。这些方法可以根据不同的教学内容和学生的特点来选择和运用，以达到最好的教学效果。

（四）积极体验式教学模式的操作程序

积极体验式教学是一种注重学生体验和参与的教学方法，它的核心在于创设具有情境感的教学环境，让学生在其中获得积极的情感体验，从而达到对知识的深刻理解和掌握。下面将介绍积极体验式教学的四个基本操作步骤，并阐述如何营造良好的体验氛围，引导学生进行思维逻辑和生活逻辑的反思，并最终将感性体验转化为理性知识。

1. 创设情境

教师需要选择一个具有情境感的教学环境，让学生通过感官的多方面体验融入其中，如模拟实验、角色扮演、实地考察等，让学生身临其境。

2. 导入体验

积极体验式教学要注重学生的情感体验，例如通过音乐、图像、视频等方式激发学生的情感。同时，教师还需要注重教学过程的互动性，鼓励学生之间的合作和交流，营造良好的学习氛围。

3. 升华情感

首先是引导学生从感性体验出发，进行思维逻辑和生活逻辑的反思，从而将具体的情感体验转化为抽象的理性知识。其次是注重学生的主动性，鼓励他们自主思考、探究和总结。最后是注重教师的引导和启发，帮助学生更好地理解和掌握所学知识。

4. 行动应用

首先是策划好具体方案，确保学生能够运用所学理论进行实践验证。其次是适时地组织学生进行行动验证，可以在当即课堂上进行，也可以通过布置相应的课后作业。最后是注重教学效果的反馈和评估，及时发现和解决学生的问题，进一步提高教学质量。

（五）积极体验式教学模式的效果评价

1. 学生积极力量培养效果的评价

积极力量是指一种积极向上的态度和行为方式，它可以表现为外显性和内隐性。外显性积极力量是指通过行为表现出来的积极力量，例如勇敢、幽默、领导力等。这些特质通常可以通过观察学生的行为和言语来评价。内隐性积极力量则存在于学生的内心和思维方式之中，例如美感、灵性、乐观的解释风格等。这些特质通常是难以通过外在行为表现来评价的。

为了评估学生的积极力量,可以采用行为观察法和量表评价。行为观察法是通过观察学生的行为和言语来评价他们的积极力量。量表评价则是通过问卷调查等方式来评估学生的积极力量水平。

此外,可以将学生参与积极体验式教学前后的评价结果进行对比,以评估学生积极力量的提升效果。积极体验式教学是一种以学生为中心的教学方式,通过体验和互动来激发学生的积极性,帮助他们发掘自己的积极力量。

2. 学生的自主发展程度评价

积极体验式教学是一种注重学生自主发展的教学方法,它将学习过程变得更加有趣、有意义,从而提高学生的学习动机和学习成绩。在这种教学方法中,学生不再是被动地接受知识,而是通过自主探究、交流、合作等方式来获得知识。这种教学方法的核心在于提高学生的内在动机。

然而,内在动机不是学生学习的唯一动力。外在动机也可以通过内化和整合产生高度自主性的学习行为。例如,学生可能会因为获得好成绩、得到老师和家长的认可、获得奖励等外部因素而愿意努力学习。当这些外部因素逐渐内化为学生的内在动机时,学生就会产生更高度自主性的学习行为。

在积极体验式教学中,学生在认知和情感上认同学习带来的积极体验。这些积极体验可以是学生自主探究时的成就感、交流时的沟通能力提升、合作时的团队精神培养等。这些积极体验可以不断激发学生的学习兴趣和学习动机,从而促进学生的自主发展。

为了评价学生的积极发展程度,可以通过学习动机水平测试和学业测试相结合的方式来进行。学习动机水平测试可以评价学生的内在动机和外在动机,而学业测试可以评价学生的知识能力体系完善程度。通过这两种测试相结合,可以全面了解学生的积极发展情况,为教师提供有针对性的教学建议和帮助。

3. 师生互动感受评价

良好的师生互动模式是积极体验式教学效果的重要指标之一。在教学过程中,师生互动可以促进高效沟通、学友型师生关系的形成、师生课程获得感的提升。这不仅有利于学生的学习效果，也为教师提供了更多的反馈和改进机会。在积极体验式教学中，师生互相评价有助于加强师生互动、促进双向沟通、便于教师了解学生需要、调控好教学进度及方向，实现教学相长。通过师生互评，教师可以更好地了解学生的学习状况和问题，针对性地进行教学调整，提高教学效果。

师生互动中的信任、接纳等正向感受有助于提升师生课程获得感。学生在良好的师生互动中能够感受到教师的关心和支持，从而更加积极地参与到课堂中来。要想让师生互动取得实效，必须在适当的教学节点设置师生互评，并规定好评价的标准和细则。同时，在师生互动中，教师也能够更好地了解学生的想法和需求，为学生提供更加贴心的教学服务。

三、积极体验式教学模式在高校思想政治理论课中的应用路径

（一）树立积极教学理念

1. 树立“以人为中心”的积极教育教学观

积极教育是基于积极心理学的教育理念和方式。它强调“以人为本”，注重人的积极本质与正向力量。人本主义心理学是积极教育的重要理论来源之一。在积极教育中，学校和教师的目标是帮助学生实现自我价值的最大化，而不是以成绩为唯一标准。积极教育鼓励学生通过积极情绪体验消解压力、增进身心健康、扩大人际交往、提升创造力。在积极教育中，学生被认为是积极主体，他们应该参与自己的学习和发展。通过鼓励学生积极参与课堂活动、学习和社交活动，教师可以帮助学生培养积极的人际关系和自我意识。此外，积极教育也帮助学生在遇到困难时能够找到最佳解决方案，学生被教导如何应对挫折和失败，并通过积极的思考方式来更好地应对挑战和变化。

高校思想政治理论课实践教学具有特殊性，需要注重“以人为中心”的积极教学观，并秉承积极教学理念，培育大学生固有的积极力量。在实践教学中，教师应该注重学生的内心诉求，掌握每个学生的特点与差异，通过多种积极体验场景，挖掘学生自身的优秀品质，正确认识学生

与教师的关系，充分信任与接纳，进行平等交流沟通。在高校思想政治理论课的实践教学中，教师应该采用积极体验式教学，将学生的理性认知与感性体验相结合，激发学生内在动力，让学生在整个教学过程中主动求知并获得积极的情感体验，培养积极人格。此外，教师还应该通过各种平台媒介与大学生交流沟通，创造机会进行面对面地深入交流，多关注大学生的内心诉求，挖掘学生的潜力，帮助学生实现自我价值。

2. 秉承信任学生“向阳性”的积极人性观

在教育界，我们常常听到“向阳性”这个词汇，它指的是具有向积极方向发展的内在动力的学生。这个概念基于有机体元理论和达尔文进化论思想，认为人类天生有向善的发展意愿。因此，积极的人性观认为人性本善，而“向阳性”学生就是基于这一观点得出的一个概念。

当然，要让学生的积极发展倾向得以顺利发展并起作用，需要一定的外在支持条件，这些外在支持条件可以包括教师、家长、朋友等人的支持和鼓励，以及一个充满信任、理解和接纳的教学环境。为了实现这种教学环境，积极体验式教学应运而生。积极体验式教学是一种以学生为中心的教学方法，旨在让学生通过亲身体验和探究来发现知识和技能。这种教学方法强调要营造一个充满信任、理解和接纳的教学环境，让学生能够充分体验课堂中的每一个环节，从而激发他们的学习兴趣和积极性。在积极体验式教学中，学生可以通过各种实践活动来探究和发现知识。这种教学方法注重学生的主动参与和创造性思维，让学生从被动接受知识的角色转变为主动探究的角色。这种转变可以让学生更加自信和积极地面对学习中的挑战，从而更加顺利地发展他们的积极倾向。

在高校思想政治理论课实践教学中，信任学生的“向阳性”是实现积极体验式教学模式的重要前提。这种教学模式注重学生的参与和体验，通过创造性的教学方式，让学生在实践中体验和感受到理论知识的实用性和生动性。而这种教学模式的实施离不开教师对学生的信任。教师需要在充分信任学生的前提下，建立良好、健康的教学关系，促进人的发展。教师应该认识到，学生是有天赋和潜力的，通过合适的引导和教育，可以激发他们的主动性和创造性，使他们在学习中得到全面的发展。因此，教师应该秉持积极的人性观，给予适当的引导与教育，注意合理的方式方法。

教师应当关注学生的积极方面，营造好信任、包容的教学氛围，提升学生自尊感和自主性。教师可以通过多元化的教学手段，比如小组讨论、角色扮演、案例分析等方式，鼓励学生发表自己的看法和意见。同时，教师还应该注重学生的个性和特长，给予他们充分的支持和鼓励，让他们在学习中找到自己的价值和意义。

教师应当多运用能激发积极情绪体验的教学方法，形成持续性的发展动力。教师可以通过多媒体教学、实践教学等方式，让学生在课堂中充分体验和感受知识的魅力和实用性。这种教学方式可以激发学生的学习兴趣和动力，提高他们的学习效果和成就感，从而形成持续性的发展动力。

3. 形成注重“知、情、意、行”的全面成效观

“知、情、意”是个体心理活动的三个过程，即认知、情感、意志的简称。人的思考、感受和行动都是在这三个过程的基础上进行的。教育心理学中增加了“行”的阶段，即把个体的心理活动变成外部行为表现。这意味着，教育目标不仅仅是让学生了解和理解知识，还要培养他们能够将知识运用到实际生活中去的能力。

教学成效的好坏体现了教学目标的完成程度。在高校思想政治理论课实践教学中，教学目标有国家层面、社会层面和个人层面三个层面。具体来说，教学目标为培养具有马列主义理论素养的中国特色社会主义建设者和接班人。这意味着，学生需要掌握马列主义理论知识，了解中国特色社会主义的基本原理和方针政策，以及应对当前国内外形势的能力。此外，教学目标还包括为社会输送道德品质良好、具有公德心、具有集体主义荣誉感并能够为社会的发展做出贡献的公民。这意味着，学生不仅需要有理论知识，还需要具备良好的道德素质和公民意识，能够为社会的发展和进步做出贡献。最后，教学目标还包括为学生养成正确的人生观、价值观提供正向引导，培育学生的积极品质，促进学生身心和谐发展，最终使他们能够拥有幸福美好的生活。这意味着，教育不仅仅是为了传授知识，还要关注学生成长和发展，培养他们成为有道德、有责任感、有担当的人才，为构建美好社会做出贡献。

全面的成效观是一种评价学生学习成果的方法，它从知、情、意、行四个维度考量学生的学习成果。

具体来说，“知”要求在学习马列主义知识理论时，我们不仅需要考虑学生的知识点掌握情况，还需要从认知维度出发去考虑。这意味着我

们需要考虑学生在学习马列主义知识理论时的认知过程,包括他们对概念、原理和理论的理解程度。这种考虑方式可以帮助我们更好地了解学生的学习情况。“情”要求我们需要了解学生对马列主义知识理论的情感、态度和价值观。这种考虑方式可以帮助我们更好地了解学生对知识的接受程度,以及他们是否愿意将这些知识应用到实际生活中。“意”要求我们需要考虑学生的积极品质和道德品性养成情况。这种考虑方式可以帮助我们更好地了解学生的学习态度和行为,并为我们提供制定更有效的教学策略的基础。“行”要求我们还需要从行为层面考察学生的行为表现和理论运用情况。这意味着我们需要观察学生在课堂上的表现,以及他们如何将所学的马列主义知识理论运用到实际生活中。这四个维度环环相扣、层层递进,体现了学生从内心的精神活动到外在的实践活动的过程。

在实际教学中,教师应该树立全面的成效观,从多方面考查学生的学习情况,不能只从某一或某几个方面进行评判。同时,教师应该采用多种形式的评价方法,如课堂测试、论文写作、小组讨论等,以便全面了解学生的学习情况。此外,教师还应该注重学生的自主学习能力和思辨能力的培养,鼓励学生积极参与课堂讨论和辩论,引导学生从多个角度思考问题,提高学生的思维深度和广度。

(二)制定积极育人目标

1. 激发大学生自我实现的内在动机

积极体验式教学需要激发大学生自我实现的内在动机,这是一种满足高层次需要的方式。内在动机是出于活动者本身内部需要的动机,具有四个特征:自主性、目标导向、兴趣和挑战性。这些特征可以促使个体产生积极的情感体验,从而提高学习效果。在积极体验式教学中,个体在从事自主选择的任务时,内在动机会显著提高。因此,教师应该为学生提供一些选择权,让他们有更多的自主决策权。同时,教师还应该鼓励学生参与课堂互动,让学生在互动中感受到自己的重要性和存在感。教师应该根据学生的实际水平和能力,提供对应难度的任务和活动。这样可以让学生感到自己有能力完成任务,从而增强他们的胜任感。胜任感可以通过反馈信息建立,正向的反馈可以提升个体的胜任感，激发他们的内在动机。因此，教师应该及时给予学生有效的反馈信息，让他们知道自己的表现和进步，从而增强他们的自信心和积极性。

大学生自我实现是指大学生内心深处所具有的自我完善的积极倾向。这种倾向可以促进大学生主动发掘、利用和开发自身的潜能和天资。为了满足大学生需要层次发展规律，教师应该激发大学生内在动机，以实现育人目标的前提为核心要素。教师应该给予大学生自主选择任务的权利，同时根据学生的能力情况对学生的任务难度进行总体把控，将难度控制在学生可以胜任的中等难度水平。在任务开始前，教师应预先评估并提醒学生其中可能存在的风险。为了促进学生的自我实现，教师应该组织学生们进行自评、互评，制定好评分细则，并选出优胜队伍，计入平时成绩。在比赛结束时，教师应对学生表现进行总结，并给予鼓励。大学生自我实现是大学生成长的必经之路，教师应该关注学生的内在需求，创造良好的学习环境，激发学生的内在动机，促进学生的自我实现。这样，大学生可以更好地发挥自己的潜力，为自己的未来奠定坚实的基础。

2. 培养大学生自身的积极力量

这里的积极力量主要包括发掘、强化大学生固有的积极心理品质以及培养大学生形成乐观的解释风格两方面内容。

积极心理品质对于个人的成长和成功具有重要的作用。它是由生理特性和后天教育环境共同影响形成的正面、向上、稳定的心理特质。这种心理特质可以通过后天有意识地构建，其中六大美德与 24 项性格优势是核心。在大学生中，培养积极心理品质是至关重要的。为了培养大学生的积极心理品质，需要提升他们的思想开放性、社会适应性、社会主义核心价值观和情绪稳定性。首先，帮助大学生打破思维定式，考虑多方面问题。在现代社会中，变化是不可避免的，具有灵活的思维和适应能力是非常重要的。其次，沉着面对环境变化，适应现实生活。大学生需要学会面对生活中的挫折和困难，不要轻易放弃，有坚韧不拔的精神。此外，培养友善、诚信、公正、法治等价值观，正确调节情绪也是强化大学生积极心理品质的重要手段。

乐观解释风格理论是由美国心理学家马丁·塞里格曼于 20 世纪 80 年代提出的一种心理学理论，指的是个体在遭遇困难和挫折时，倾向于采取积极、乐观的态度和解释方式的心理倾向。乐观解释风格理论是积极心理学的重要分支之一，其核心思想是人们的思想和行为受到他们对事件的解释方式的影响，而对同一事件的不同解释方式可能导致不同的情感体验和行为选择。与乐观解释风格相对应的是悲观解释风格，悲观解释风格的人更容易将失败或挫折归结为自己的不幸或无能，导致情绪低落、自我贬值和消极行为。而具有乐观解释风格的人则会更倾向于将失败或挫折归结为外部因素或暂时的困难，从而保持积极的情绪和自尊心，采取更积极的行动。具有乐观解释风格的人在生活中可以获得许多优势：他们能够更好地应对挫折和压力，从而减少因挫折和压力带来的负面情绪和身体反应；他们更能够保持积极的情绪和自信心，从而更有动力追求自己的目标和理想；他们更容易建立积极的社会支持系统，从而获得更多的支持和帮助。作为高校思想政治理论课实践教学的重要内容之一，培养大学生乐观解释风格是非常必要的。在教学中，可以通过以下方法帮助学生培养乐观解释风格：第一，鼓励学生从积极的角度看待自己和他人，帮助他们建立自信心和自尊心；第二，帮助学生树立正确的目标和理想，同时通过实践来让他们体验积极的情感和行为；第三，为学生提供积极的社会支持，鼓励他们与他人分享自己的经验和感受，从而获得更多的帮助和支持。在培养乐观解释风格的过程中，建立好积极的社会支持系统是非常重要的。好的社会支持可以让个体获得更多的心理和物质资源，从而帮助他们更好地应对困难和挫折。同时，好的社会支持还可以提高个体的自尊心和自信心，增强他们的社会适应能力和生命质量。因此，我们应该在教育和社会环境中营造出积极的氛围和文化，帮助个体建立起积极的社会支持系统。

3. 提升大学生的幸福能力

高校思想政治理论课实践教学中运用“体验式”教学模式，以达到“积极育人”的目的，其终极指向就是要提高大学生的“幸福感”。拥有幸福能力的人，他们的心理素质是正面的，他们的解释方式是乐观的，他们会把注意力集中在事物的正面，他们不会因为坏事而感到烦恼，他们还会体谅他人，具有良好的交流能力，有可靠的朋友，有能力去追求自己的目标。尽管幸福的能力和人的天赋有很大的关系，但后天的培养也很重要。幸福能力的提高，就是要提高大学生对幸福的认识、体验和创造的能力。

首先，对幸福的认识是获得幸福的能力的认知先决条件。从幸福的定义来看，真正的幸福是一个人凭借自身的优势和美德，经过自己的努力而获得的。感觉上的幸福，如看电视、吃高热量食物、玩手机游戏、购物、血拼等等，固然能为我们提供一时的快感、安逸，但长期看来，毫无意义的寻欢作乐，只能让我们感到心灵上的空虚。所以，教师要引导大学生对幸福的内涵有一个正确的认识，不要沉溺于感官的愉悦，要追求真实的、持续的幸福，要懂得“幸福都是奋斗出来的”。

其次，对快乐的感受是快乐的一个重要因素。对于经验快乐，美国心理学家米哈里·契克森·米哈雷提出了“心流”经验理论，认为一个人在完全沉浸在某一事物中时，能够最大限度地运用他已有的技巧，专注于事物本身；当人们回想起自己经历过的事情时，他们就能感受到一种积极的情感，从而得到一种很高的幸福感。具有“心流”经验的大学生，其对快乐的感知能力将得到持续提升，更乐于投入到学习、社交、体育等活动中，从而使他们的主观幸福感和生活满意度得到提升。在此基础上，高校思想政治理论课实践教学可以结合教学内容，通过积极体验式的教学模式来设计与大学生发展相适应的“心流”体验。

最后，创造幸福是提升幸福能力发展需要。创造快乐意味着一个人要注重自己的正面心理素质，要充分地发挥自己的主观能动性，要充分地运用好现有的优点，要将社会的发展与自己的需求相结合，设定一个积极的人生方向，并且为之奋斗。例如，高校思想政治理论课不仅是对学生进行理论武装，还是对他们心灵的发展和个性的完善，从而提高他们的创造幸福的能力。积极的发展观将学生视为一个具有无限潜能的人，它不但要解答学生在成长过程中遇到的问题，更要对他们在未来生活中应该具有的正面的心理潜能进行培育和挖掘，使他们变成一个生活幸福的、具有自主意识的、能够掌握自己命运的人。所以，我们应该从长远发展的角度出发，为他们描绘美好的明天，营造美好的生活。第一，学校要帮助他们尽快地适应新的生活，建立正确的生活观念，确定自己的生活方向，制订自己的人生规划。第二，提高大学生的自我认识水平，促使他们接受和管理自己，达到自我发展的目的。

（三）构建积极教学关系

1. 尊重大学生主体地位

高校思想政治理论课实践教学的主体是具有自主性、“向阳性”的大学生。这意味着，学生们需要在课堂上扮演主角，积极参与课程，发挥自己的主观能动性。在这样的前提下，尊重大学生主体地位就是至关重要的。只有真正意识到大学生是课堂的主人，才能够实现大学生角色的转变，激发自主性。

为了激发学生的自主性和主观能动性，积极体验式教学模式应该得到充分的应用。这种教学方式注重发挥学生的主体作用，注重学生的互动和参与，课堂氛围轻松愉悦，学生们会更愿意表达自己的观点和看法。这不仅能够让学生更好地理解课程内容，还能够培养他们的创造力和自信心。

教师们在教学过程中也应该全面深入了解大学生，尊重个体差异性，因材施教。每个学生都有自己的特点和优点，教师应该关注每个学生的需求和兴趣，帮助他们更好地发展和成长。只有这样，才能够促进学生更好地发展，提高他们的学习成绩和综合素质。

2. 发挥教师的引导作用

在思想政治理论课实践教学过程中，教师的正确引导是建立积极教学关系的关键。可以通过以下两个途径来发挥理论课教师的引导作用：一是注重引导的方式、方法和身份定位。教师要适当地给予引导，规定好主题范围，观察学生的外部表现和内心情感变化，培养师生共情，多跟学生交流，了解学生的情感需要，鼓励学生战胜生活中的各种困难与挫折。二是发挥教师本身的示范带头作用。教师的引导作用对于学生的成长和发展具有重要的影响。教师在影响学生、成为榜样的过程中，感受到学生的认可、接纳和崇拜等积极反馈，也会进一步强化教师的积极品质和高尚人格，促进教师职业成就感的提升，拉近师生情感距离。因此，教师要注重自身的修养和品质，不断提升自己的素质，从而更好地发挥引导作用，助力学生的成长和发展。

3. 营造师生共情氛围

共情是一种能够了解别人独特体验，并据此作出回应的能力。个人体验各不相同，而同情则是人类情感的纽带，它拓展了人与人相处的边界，激发了人与人之间深入而又真实的情感。师生共情就是老师与学生之间相互理解，了解对方的情绪、想法与动机，并做出正面的反应，在师生之间搭建一座真诚交流的桥梁。教师与学生的共情可以增进学生与学生之间的相互了解，有助于消除对立、孤独、焦虑等情绪，让学生获得感恩、包容、仁慈和爱等正面的心理体验。积极体验式教学是指在课堂上创造一种师生深度互动的情境，使老师认识学生，而学生认识自己。为此，在积极体验式的课堂中，教师与学生要构建"学友型"的课堂关系，要创造出一种"同心同德"的课堂气氛，要增强学生与学生的相互信任、接受与理解，要打通学生与学生的感情沟通的通道。

要使党的创新理论成果走进学生的脑海，就必须让老师与学生面对面、心贴心地进行沟通与讨论。在这一背景下，高校思想政治理论课更应创造出一种"教师与学生的共情"的气氛，以达到增进学生之间的思想沟通和心灵认同的目的。人与生俱来的同情心，能够从更深层的角度去了解对方，了解对方的感情，但这种能力也是需要培养和持续关注的。高校思想政治理论课实践教学可以从以下几个方面来发展共情氛围，建立和谐融洽的师生关系：首先，要有一颗谦虚的心，也就是要把自己的思想和看法放在一边，不先入为主、不带偏见，以开阔的视野来看事情。做老师的，不要觉得自己年纪大，学识渊博，就以"尊者"的姿态，欺压弟子，人各有所长，各有短处，唯有那些可以把自己的感情和思想暂时抛开的老师，才能真正地理解学生。其次，要有倾听的能力，也就是以对方为中心，把自己观点暂时放在一边，用心去倾听别人的看法和感受。老师与学生要互相聆听，要学会换位思考，这样可以帮助他们进行思想和感觉的交互，加深对自己以及与他人的关系的了解。最后，要做到包容，也就是要尊重不同的人，要从别人的角度去包容和理解别人的行为和动机。在课堂上，老师要多忍耐，少催促，要承认个体的差别，要避免批判和嘲弄，要充分相信学生。

（四）采取积极体验教学策略

1. 发掘生活化的体验内容

挖掘生活中的经验性内容，就是要把思想政治理论课实践教学的课程内容和学生的实际生活联系起来，对理论的实际含义进行清晰的认识，用一种积极的、体验性的教学方式，让学生能够体会到正面的情感，并培育出正面的动力。由于其主要的课程内容是与学生的现实生活密切相关的，因此，如果仅仅是对学生进行简单的理论教育，很可能会导致学生产生厌倦情绪。许多学生都觉得常规的思想政治理论课教学内容枯燥、抽象，有太多的理论和说教，老师的语言表现得不够有魅力，很难调动起他们的学习兴趣。通过生活化体验的方式，能够让学生认识到大学思想政治理论课的重要性，从而产生学习、体验和应用的兴趣，能够让他们在某种意义上得到满足。所以，在大学中，思想政治理论课应该关注到学生的主体需求和社会的现实需求，挖掘并构建生活化的体验课程，把理论和实践有机地联系起来，调动学生对思想政治理论课的热情，让他们能够健康地发展，得到一个快乐的生活。

在进行积极体验式的思想政治理论课实践教学的过程中，要打破以往以学科知识为核心的思维方式，从对学生的正面成长的视角出发，选取大学生的成长理想、学习问题、人生定位、职业取向、沟通困惑、人格发展、人生目标等可以与将来对话的内容，为学生构建一个良性发展的平台，使学生形成良好的个性，并获得良好的信任、感恩、幸福等正面的心理品质。

2. 创设情感性的体验情境

情感性体验是指在高校思想政治理论课实践教学中，教师按照课程的具体内容，运用各种“体验化”的方式，把学生带入一个经过认真设计的学习环境，从而让他们在学习过程中感受到自己的情绪，重视对正向情感的加强，以获得正向的经验效应。积极的情感经验具有开启心灵、培养个体的积极个性和优良品质、实现自我教育等作用。然而，在情感体验的过程中，学生所经历的情感既可能是正面的，比如喜悦、满足等，也可能产生紧张、焦虑等非正面的情绪。在一个人的成长中，他的情绪经历与自我意识的发展是紧密相连的，太多的负面情绪经历会发展出消极的自我意识，容易自我否定，消极悲观，产生自卑感。而正向的情绪经验越多，越容易形成正向的自我认识，从而形成自信和乐观的性格。为此，我们要指导他们在经历中认识自己的负面情绪，并对其加以消解，以促进学生积极、健康地发展。

例如，教师在《思想道德与法治》课上讲授“遵守社会公德”的内容时，可以通过情景剧表演，让学生表演遵守社会公德的行为和没有遵守社会公德的行为。学生在表演和观看表演的过程中能够产生积极情绪，进一步强化积极情绪的体验，从而分析遵守社会公德的重要性。通过这种方式，学生们不但能够深入了解社会公德的内涵，还能够在情景中亲身体验社会公德的实际应用，从而更好地理解和掌握社会公德的内容。此外，这种教学方法还能够激发学生的学习兴趣和主动性。在传统的思想政治理论课教学中，很多学生可能只是听而已，难以产生持久的学习兴趣。但是，通过这种方法，学生们能够积极参与到课堂中来，体验到其中的乐趣和意义，这对于促进学生的学习动力和提高学习效果是非常有益的。

3. 进行思想上的体验升华

大学生在情境中体验到积极情感后，需要对感性的体验进行理性的升华。这一点对于高校思想政治理论课实践教学非常重要。学生需要通过交流、讨论、内省的方式将外在的情感体验转化为自身的内部品格。而教师的组织和引导对于学生进行情感体验的升华至关重要。升华是学生将情境体验的具体表象转化为思想政治理论课的理论实质，是积极体验式教学中必不可少的环节。

为了达到这个目标，教师应该搭建好学生交流的平台，包括课堂展示交流平台、学习小组交流平台、网络课程交流平台等。课堂展示交流是最直接、高效的沟通方式，但由于时间和地点的限制，交流的内容缺少持续性和完整性。后续深入的交流需要启用学习小组交流平台、网络课程交流平台进行及时的心得分享、问题互助、疑难解答。这些交流平台可以帮助学生更好地理解、吸收和应用所学知识，激发其自主学习的积极性。

同时，教师还应该引导学生进行内省，反思自身的情感体验和思想认识，将外在的经验转化为自身的内在品格。这种内省可以通过个人写作、讨论、辩论、角色扮演等形式展开，让学生更深入地思考自己与社会、历史、人类文明之间的关系，提升其综合素质和人文精神。

4. 实现行动上的体验应用

积极体验教学的终极目的就是要指导学生将在学校学习到的理论知识应用于现实生活中，并能有效地解决现实问题。通过“理论具化为体验—体验产生情感—情感内化为理论”的循环，大学生将内化的理论外化到实践之中，达到知行合一。“实践是检验真理的唯一标准”，只有通过将特定的理论运用到实际生活中，学生们才可以对大学思想政治课的教学意义有一个真实的认知和认同，进而更积极地参加到高校思想政治理论课的学习过程中来。所以，教师要以大学生的发展特点和心理特点为基础，在课余时间里，进行一些让学生们感兴趣的、对他们的成长有促进影响的活动，诸如参观红色基地、进行农村社会调研、进行心理微电影的制作等，每周进行一件感谢的小事记录等，可以让学生可以对自己所掌握的思想政治理论课知识进行强化和应用，还可以利用这些实践活动来让学生们产生正面的情感，并将理论应用于实际之中。在学习过程中，他们从学习中获得的经验是会被慢慢冲淡的，若得不到有效的应用和加强，他们很可能被遗忘，所以，布置与实践相结合的课外任务，有助于学生巩固知识，加深认识，并使其行为外化。另外，在实践应用过程中，大学生对思想政治理论的实用意义产生了深刻的认知，当他们意识到，利用这些理论可以对实际问题进行有效的解决，就会产生愉悦、自豪、激励等积极的情感。这样，就能调动起高校思政课教学的热情。

（五）建立积极评价机制

1. 注重过程性评价和发展性评价相融合

过程性评价主张把目标和过程并重，不仅关注学习效果，还要关注学习过程中学生的动机、效果以及非智力因素。非智力因素主要指学习过程中学生的情感、态度和价值观等，这些因素对于学生的发展至关重要。因此，教育者应该全面评价学生的学习成果，而不仅仅是关注学生的智力成绩。发展性评价强调诊断、激励和发展的方法，目的在于更好地促进学生的成长，同时促进教师教育教学水平的提高。与传统评价方法不同的是,发展性评价注重推动师生自身的发展进步,而不是与他人相比较。这种方法能够更好地发掘学生的潜力,激发他们的学习热情和兴趣。在高校思想政治理论课中,很多学生上交的总结、报告、心得等作业中存在问题,因此需要运用积极体验式教学模式,进行全方位的评价。这种评价模式强调学生的主动参与和积极体验,通过多种形式的评价来全面了解学生的学习情况,能够更好地激发学生的学习热情,提高他们的学习效果。

注重过程性评价与发展性评价相融合,关注学生情感体验,培育积极心理品质,有利于达到自我成长和教师水平提升的目标。首先,在教学评价中,制定好积极发展的期望目标是非常重要的,这可以激发学生自我完善的内在动力,培养学生的积极力量与幸福能力,提高教师的教学水平。同时,全面、及时地对学生学习过程中的积极情感、积极行为进行评价、记录也是非常重要的,这可以采用成长记录袋、目标行为核查量、学习日记、个人或小组访谈、即时性表扬等方式。其次,评价工具的选择和评价频率的掌握也是非常重要的,注意选择合适的评价工具,并避免过于片面或过于烦琐的评价方式,这可以确保评价的准确性和有效性。最后,将过程评价结果与发展期望目标比对,起到诊断、激励作用,帮助学生进步,正确评估教学成效,进一步完善教学方式、方法,也是非常必要的。

2. 强调形成性评价和总结性评价相串联

形成性评价是指收集学生学习过程中的信息,考察学生学习进展,注重反馈的激励作用,进一步改进教学。在这种教学模式下,形成性评价的重点内容包括大学生体验和学习过程中的情感体验、个人表现、积极品质的养成状况和思政理论的掌握及运用情况。这种评价方式强调了学生的参与和反馈,有利于激励学生的学习兴趣和积极性,也有利于教师了解学生的学习状况,及时调整教学方法和内容,促进教学效果的提高。

与之相对应的是总结性评价,它是在教育活动结束后对学生的学习成果进行鉴定,对学生各方面的表现进行总结。在高校思想政治理论课积极体验式教学中,总结性评价的内容包括测试学生思想政治知识理论的掌握程度,展示学生的调研报告、读书笔记、微电影作品等学习成果,描述和总结学生整个过程中的表现情况。这种评价方式能够全面客观地反映学生的学习成果和表现，有助于激发学生的自信心和自我评价能力，也能够为学生提供反思和改进的机会。

形成性评价和总结性评价在评价目的、时效等方面存在不同。首先，形成性评价主要目的是促进教学方案的完善与调整，注重评价的反馈作用。这种评价周期较短，一般以章节或教学活动的结束为评价周期。形成性评价注重及时的反馈与调整，可以帮助教师及时发现教学中存在的问题，并及时调整教学方案，以提高教学效果。其次，总结性评价主要是对整个教学成果进行评定，对学生理论的掌握、学习的成果进行测试和评价。这种评价周期较长，一般以学期或课程结束为一个评价周期。总结性评价注重对这一段时间或这一门课程中学生的知识能力的变化与提升进行总结，以便于教师对教学效果进行全面的评估。

需要注意的是，形成性评价与总结性评价并不是对立的，它们各有优势。将它们串联到一起，有利于教学的完善与学生的进步。教师可以通过形成性评价及时地发现教学中的问题，进行调整，同时通过总结性评价对整个教学过程进行总结，以便于全面评估教学效果。

在高校思想政治理论课积极体验式教学中，要强调形成性评价与总结性评价双评相参，对学生情绪和行为情况要及时掌握，对学生知识掌握情况也要有及时地收集反馈和阶段性的测定。只有这样，才能更好地促进学生的学习兴趣和学习效果，提高教学质量。

3. 设立学生自评、互评机制和师生双向评价机制

教学评价的主体可以分为学生自身、其他同学和教师等。积极体验式教学在高校思想政治理论课中应用时，设置好学生自评、同学互评、师生互评的多元评价机制，有助于减少教学评价的片面性，全面考察积极体验式教学的实效性。

学生自评和互评机制中学生既是评价人，也是被评价人。学生自评能够直接反映出教学的实效性，有助于提高学生对自我学习和反思的动力和质量。但是，学生自评必须建立在对学习目标的充分了解和合理的自我认识的基础上。只有这样，学生才能在自评中体现出自己的真实水平和成就。学生互评使学生可以从客观的角度得到评价，从而更好地了解自己在小组或班级中的地位和水平。同时，在小组汇报时，其他同学也可以进行对比和评价，这有助于激发学生的学习动力和竞争意识。在学生自评和互评之前，教师必须设置好学生自评和互评的占比，明确评

价的标准和细则，从而保证评价的公正性和实效性。也只有这样，学生才能在这样的机制下真正体验到自我提高和发展的快乐和成就感。

在师生互评机制中，教师和学生都扮演着评价人和被评价人的角色。这种互评机制的出现，不仅能够促进教师自我反思，提高教学质量，同时也能够激发学生的学习热情，提高学生的学习成绩。在高校思想政治理论课积极体验式教学中，教师不仅要对学生进行传统的笔试和口试方式的评价，还要采用更加全方位的评价方式。这种全方位的评价方式，包括对学生的语言表达能力、思维能力、团队合作能力、创新能力等方面进行评价。通过这种评价方式，教师能够更加全面地了解学生的学习情况，为学生提供更加有针对性的教学服务。除了教师对学生的全方位评价，学生也应该对教师的教学方式、态度、情感等方面进行评价。教师也应该阶段性地进行自我评价。通过自我评价，教师能够总结教学过程中的重点、创新点和不足之处，从而更好地提升教学水平。同时，在自我评价的过程中，教师也能够更加深入地反思自己的教学方式、教学内容和教学效果，为学生提供更加优质的教学服务。

第五章

高校思想政治理论课实践教学改革

第一节 高校思想政治理论课实践教学改革的时代背景

近代以来,中国社会一直处于高速发展乃至加快发展的状态,19世纪中叶中国社会被迫走上了现代化的道路,20世纪70年代末开始的改革开放,促使中国社会积极地向现代化迈进,走上了快速发展的轨道。十九大以后,中国特色社会主义步入了新时代,无论是对高等教育的改革与发展,还是对高校思想政治教育工作,还是对高校思想政治理论课的实践教学改革与创新,都是一个崭新的时期,大学生对这一时期的形势进行深刻的认识,从而对自己的发展作出正确的定位。高校思想政治理论课实践教学改革的时代背景,主要体现在以下方面。

一、信息社会、网络时代的到来

随着互联网技术和多媒体技术的不断发展,我们已经进入了信息社会、网络时代。这种技术变革带来的数字化生活方式和交往方式不仅冲击了传统的生活方式和交往方式,而且最终会引发思想观点领域的改变。在这种新的时代背景下,我们可以感受到许多变化。

首先,信息社会、网络时代带来了便利获取信息、优化教学手段、丰富教学形式的一面。我们可以通过互联网方便地获取各种信息,同时诸如在线教育、电子书籍、网络直播等新兴教育形式也给我们带来了更多的选择。这些发展都为我们的学习和生活提供了更多的便利。

然而,信息社会、网络时代也带来了网络信息良莠不齐的问题。我们需要警惕网络上存在的虚假信息、传播谣言等问题,同时也要注意保护个人隐私和网络安全。这些问题也让我们认识到,信息技术的发展需要与法律法规和道德伦理相协调。

信息社会、网络时代的另一个变化是知识的生产、传播、获取方式发生了质的变化,这带来了教育领域的一系列变革。传统的教育模式已经越来越难以满足现代社会的需求。现在的教育需要更加注重学生的自主学习和创新能力的培养,同时也需要更加注重信息技术的应用,提高教学效率和质量。

二、社会发展的转型期

自从改革开放之后,中国就进入了一个转型期,而这个转型期,就是中国从传统到现代的转型期。这对整个社会来说,都是一件大事。人类近代化的全过程说明,由“非原始”的近代化所引发的社会变化,对非西方国家来说是不可预知的。我们正致力于建立一个与西方资本主义截然不同的现代化社会,这是前所未有的,而且中国自身也具有悠久的文化,正处于这个转变的进程之中。如何实现这一目标,是我们所面临的一项重要考验。在这种复杂的社会转型的实践过程中,由于各种不同的社会现象而产生的种种问题和难题,使大学生的思想政治理论课的实践教学面临着新的挑战。特别是在改革开放以后,中国社会上涌现出了各种各样的西方社会思想,它们对中国产生了许多消极的影响,直到今天,西方思想对中国的渗透仍在继续,而且随着网络的发展,这种渗透可能会加剧。另外,社会主义市场经济虽然具有社会主义的政治属性,但是,经济领域的晴雨表会间接地影响人们的思想观念。

三、新时代高等教育的改革与发展

中国教育领域改革不断推进,取得了巨大成就,这是不争的事实。然而,随着国家经济的不断发展和社会的进步,高等教育也面临着新的挑战和机遇。党的二十大报告中指出,坚持以人民和中心发展教育,加快建设高质量教育体系,发展素质教育,促进教育公平。这表明了高等教育的改革方向和目标。

在高等教育领域中,提升教学质量是一个关键问题。高等教育需要更加注重学生的培养,强调学生的综合素质和实际能力的培养,而不是仅仅注重知识的传授。为了实现这一目标,一系列的措施被采取,包括加强教师培训、改进教学方法、加强实践教学等。这些措施都旨在提高教学质量,使得学生能够更好地适应社会发展的需要。

然而,随着市场经济的发展,高等教育领域也出现了一些“急功近利”的现象。个别高校开始注重经济效益，而不是注重教学和学生的培养。这种现象不仅影响了教学质量，而且也损害了高等教育的声誉和地位。因此，高等教育改革不仅需要加强教学质量，还需要防止这种“急功近利”的现象。

中国高等教育改革已经重拳出击，采取了一系列措施，重视教学、品德教育和实践教学，这些措施旨在提高高等教育的质量和声誉，培养更多的优秀人才，为国家和社会的发展做出更大的贡献。

第二节　高校思想政治理论课实践教学改革的主要方法

一、推行现场教学法，实现全员参与

（一）推行现场教学法

现场教学法是一种让学生亲身参与学习的教学方式，它通过组织带领学生进入相关现场进行实物学习。在教育领域中，现场教学法被广泛应用于各个学科的教学中。而在思想政治理论课的教学中，现场教学法尤为重要。因为它能够让学生身临其境地感受到社会的真实情况，使思政课的知识更加深入人心。

在思想政治理论课的教学中，现场教学法能够让学生走出课堂，走进社会，进行必要的参观考察，通过实地实物、真人真事的方式开展生动活泼的现场教学。这种教学方式能够激发学生的学习兴趣，提高学生的学习热情，让学生更深入地了解和掌握思政课的知识。

为了更好地实施现场教学法，高校应该建立可持续的“思想政治理论教育实践基地”。这些基地可以是当地的博物馆、革命烈士纪念馆、科技馆、文化博物馆等，也可以是一些政府机关、企事业单位、社区组织等。这些基地应该成为学生进行现场教学的重要场所，能够让学生更深入地了解和体验社会的各个方面。

现场教学法要利用当地的历史、政治、经济、文化和社会资源。为了

更好地利用这些基地，高校应该尽可能利用当地的历史、政治、经济、文化和社会资源。教师应该结合教学内容，组织学生外出开展现场教学，并要求学生撰写考察报告。这样做不仅能够帮助学生更好地了解和掌握思政课的知识，还能够提高学生的写作能力和表达能力。

（二）实现全员参与

许多高校开始采取全员参与的方式，以班级为单位，由老师带队，组织实践教学活动。为了保证实践教学的效果，高校还采取了一系列配套措施。

首先，在组织实践教学活动之前，会对整个活动进行讲解，让学生了解活动的目的、意义和要求，以便更好地参与其中。

其次，在实践教学活动中，老师深入讲解实践教学基地的情况和历史、现实等。通过这种方式，学生可以更好地了解实践教学基地的情况，更好地掌握相关知识和技能。

最后，在实践教学活动结束后，高校还会注重总结和交流现场教学成果。学生们会被分成小组，进行研讨和讨论，以撰写报告等方式进行总结和引申思考。通过这种方式，学生们可以更好地理解实践教学的重要性，更好地掌握相关知识和技能，为以后的学习和工作打下坚实的基础。

二、推行竞赛教学法，实现竞赛教学制度化常态化

（一）竞赛教学的主要内容

高校思想政治理论课竞赛教学主要分两个方面：一是“大学生思想政治理论知识竞赛”，二是“大学生思想政治风采大赛”。知识竞赛主要帮助学生充分掌握课堂所学知识，风采大赛则注重提高学生的语言表达能力和舞台展示能力。风采大赛和知识竞赛都应该尝试着纳入思想政治理论课的教学计划之中，实现常态化、制度化，具体要做到：每年都举办一届知识竞赛和风采大赛，这是一项为了激发学生学习热情、提高思想政治理论素质而举办的活动。知识竞赛是一个涵盖了思想政治理

论课等相关知识的竞赛。这些内容非常重要,是中国革命和建设的基础,也是我们国家发展的历史。而风采大赛则主要是以教学班为单位组队参加。参赛队伍需要展示自己的风采,包括演讲、朗诵和情景剧等形式。需要注意的是,大赛展示内容须图文并茂,并且可以配乐或红歌伴唱等,以增加表现力和感染力。

风采大赛的选题范围规定在思想政治理论课范围内。这包括反思近代中国衰败落后原因、反映帝国主义对中华民族的侵略、反映中华民族所遭受的各种苦难、讴歌中华民族反侵略反压迫反剥削的牺牲和奋斗、反映中华民族精神及革命精神的题材等等。这些都是学生必须了解的内容,也是学生在学习中需要深入思考的问题。

通过这样的竞赛和比赛,不仅可以促进学生对知识的掌握和理解,更重要的是可以激发学生的学习热情,提高学生的思想政治素质。这些活动为学生提供了一个展示自己才华和能力的平台,同时也能够增强班级凝聚力和集体荣誉感。

(二)竞赛教学知识性和趣味性的有机统一

竞赛教学是一种比较受欢迎的教学方式,它不仅能够提高学生的学习兴趣,还能够加强学生的知识储备和综合素质。然而,要想让竞赛教学真正取得好的效果,需要同时注重知识性和趣味性。我们要注重历史知识的考核,可以采用图画、视频等形式展现历史事件,注重引导全体学生参与,采用有奖问答等活动形式提高竞赛的趣味性和吸引力。

第一,在设计竞赛内容时,我们不仅要注重知识点的考核,还要加强对历史知识的考核。这不仅有利于学生的知识积累,还能够加强学生的爱国主义思想。同时,我们可以采用图画、视频等形式,展现历史事件,使竞赛更加生动。

第二,在竞赛教学过程中,我们需要注重引导全体学生参与,让每个学生都能够参与到竞赛中来。这样不仅能够培养学生的合作精神,还能够加强学生对竞赛的兴趣和热情。

第三,我们可以采用有奖问答等活动形式,提高竞赛的趣味性和吸引力。这不仅可以激发学生的学习兴趣,还能够激发学生的自信心和竞争意识。

（三）竞赛教学的组织工作

某高校举行的校内马克思主义理论竞赛中，各学院积极参与，展示出了良好的竞赛风貌。在层层落实实践教学工作的基础上，学校有条不紊地开展了竞赛教学的工作，这不仅有助于学生的知识和素养的提高，也为学校的教学质量和学生的综合能力提升提供了坚实的基础。

（1）初赛中每个学院选出1—2个队伍，经过层层筛选，最终确定了代表学校参赛的队伍。为了更好地协助学生提高马克思主义理论素养，学校对选拔出的队伍进一步进行优化竞赛方案，要求各队伍在班级马克思主义理论授课老师的指导下不断改进丰富方案内容。

（2）为了更好地组织实践教学和竞赛教学，学校设立了专门的组织机构，设计了实践教学教研室，负责组织学生外出实践和竞赛教学等工作。同时，学校制定了专门的计划，严格把关外出实践和竞赛教学的质量，确保学生能够得到更好的教育和培训。

三、推行虚拟仿真实验教学，开拓实践教学新领域

高校思想政治理论课一直是高校教育的重要课程之一，它的教学内容涉及马克思主义基本原理、中国特色社会主义理论、中国共产党历史等重要内容，是培养高素质人才的重要途径。然而，在传统的教学方式下，学生的学习兴趣和效果往往不尽如人意。为了解决这一问题，越来越多的高校开始尝试创新教学方式，其中，三维虚拟仿真技术成为了一种备受关注的教学手段。

三维虚拟仿真技术是一种虚拟现实技术，它可以将真实环境和虚拟环境结合起来，创造出更加真实、生动的学习场景。利用三维虚拟仿真技术进行高校思想政治理论课的三维虚拟仿真实验，可以大大提高学生的学习兴趣和学习效果，同时也可以优化教学方式，打破传统的教学模式。

三维虚拟仿真实验不仅可以满足学生的学习需求，也可以不断加强高校思想政治理论课实践教学的需要，发挥思想政治理论课作为立德树人关键作用，提高教学实效性。在此背景下，一些高校开始研发基于VR技术的三维虚拟仿真实验教学项目。例如，某高校为了支撑马克思

主义理论学科建设，研发了基于VR技术的“五星红旗：我和我的祖国”三维虚拟仿真实验教学项目。该项目集党史、国史、改革开放史和社会主义发展史于一体，为学生提供了一种全新的学习方式。学生通过仿真实验，可以身临其境地感受革命时期的艰苦奋斗和中国共产党的光辉历程，深入了解中国近现代史和中国特色社会主义的理论基础。下面关于此项目展开分析。

(一)实验原理

《五星红旗：我和我的祖国》虚拟仿真实验教学项目是一项综合性教学项目，它包括了“五星出东方”“国旗壮山河”“我爱我的国”三个单元。这个项目以“线上+线下”“理论+案例”“沉浸+互动”等多种形式进行教学，旨在开展思想道德与法治课教学，引导学生坚定“四个自信”，成为社会主义合格建设者和可靠接班人。

整个项目包含的知识点有五星红旗的诞生及其内涵、制作规范、与其他旗帜的比较、为国旗增辉的重大事件和模范人物、国旗法、唱国歌、升降旗仪式、民族精神、时代精神。通过这些知识点的学习，学生将更好地了解国旗的含义和背后的故事，掌握升降旗仪式的规范，体会民族精神和时代精神。

除了知识点的学习，这个项目还有更深层次的意义，它旨在让学生更好地认识建设集党史、国史、改革开放史和社会主义发展史于一体的虚拟时代课堂和红色课堂。学生将在实验中建立对国家的认同感、归属感、尊严感、荣誉感，激发爱国爱乡的赤子情怀。通过这个项目，学生们将更好地理解中国梦，更加自信地走向未来。

(二)教学方法和评价体系创新

为了适应大学生的个性特点和学习习惯，一项基于“用户体验”设计理念的实验在大学校园中推出。该实验采用虚拟仿真课堂，让学生自主进行学习，从而更好地掌握知识点。在实验中，学生需要完成升国旗仪式和知识考试环节。而评价体系以能力评价为主，主要考核“问题识别及纠错能力”和“理论运用能力”。这种评价方式更加注重学生的实际能力，而非简单的知识掌握程度。

同时,实验采用即学即评、分步测评、综合评价、系统自动记录的方式,跟踪学生学习结果,即时反馈。这种方式可以帮助学生及时发现差距,从而及时调整学习方法,巩固强化核心价值观,提升理论应用分析能力。

“五星红旗:我和我的祖国”三维虚拟仿真实验教学项目的研发,不仅是对传统教学方式的一次尝试,更是马克思主义理论教育的一次创新。它为高校思想政治理论课的教学提供了新的阵地和新的思路,有助于培养学生的爱国情怀和文化自信,同时也有助于提高思想政治理论课的教学水平。

四、规范过程考核法,增强实践教学成效

为了确保实践教学的有效性和质量,还需要建立相应的考核办法来促进实践教学的贯彻落实。其中,一项重要的措施就是加大平时成绩的比例。将平时成绩所占比例上升到50%—70%,可以有效地反映学生在日常生活中的表现和实践能力。而平时成绩中实践教学占有很大的比重,因为它是学生掌握实际技能和应用能力的重要途径。

实践教学中,竞赛教学和现场教学也应该占据一定比例。学生所获得的奖次明确计入最终成绩,可以激发学生的学习热情和竞争意识,同时也能够更好地反映学生在实践中的表现。为了更好地实施实践教学,教师需要为每位学生建立“学习档案”,并据此评定学生的平时成绩。这样可以更加全面地了解学生的学习情况和实践能力,为实践教学提供更好的支持和指导。

要注意记录学生思想政治理论课实践活动的考核材料,并由实践教研室整理后归卷务室统一保管。这样可以保证学生实践教学的考核过程更加规范和公正。

第三节 高校思想政治理论课实践教学改革成效及问题

一、高校思想政治理论课实践教学改革的成效

（一）实践教学改革取得的成效

1. 对实践教学的正确认识有所提高

实践教学是教育中的重要环节，它包含了狭义和广义两个方面。狭义的实践教学指的是学生在课堂之外进行的实际操作，例如实验、实地考察和实习等。而广义的实践教学则是指学生在课堂内外的社会实践活动，例如社会调研、志愿服务和实践创新等。理论界逐渐认识到广义实践教学的优势，并以“社会实践性”作为判断实践教学的标准。

实践教学在传统观念中常常被等同于社会实践教学，但随着教育理念的变化，实践教学的地位有所提高，其经历了由不重视向重视、由附属向互补的过渡转化。实践教学不再是一种被动的教育方式，而是被视为一种积极的、主动的教育形式。它可以帮助学生将理论知识与实践操作相结合，增强学生的动手能力和创新能力。

2. 实践教学的课程化建设有所提高

高校在思想政治理论课实践教学改革的过程中，采用了课程化建设的方法，即专门设立实践教学学时、学分，并尝试建立实践教学的考核评价体系，将实践教学成绩纳入学科总成绩的计算范畴，这些措施在一定程度上保证了实践教学的实行。目前，很多学校都已设立实践教学的学时、学分，逐步推进实践教学改革。

3. 思想政治理论课的教学质量有所增强

思想政治理论课是一门重要的课程，它涵盖了政治、哲学、经济、历史等多个领域的知识。为了更好地教授这门课程，我们需要了解教学目标和方法。思想政治理论课的教学目标包括四个方面：知识、情感、意志和行动。

知识方面，教学目标是让学生了解政治、哲学、经济、历史等相关领域的知识，包括它们的基本概念、原理和理论。通过这些知识，学生可以深入了解社会现象，提高对社会的认知水平。

情感方面，教学目标是提高学生的认同感和爱国主义情感。学生对马克思主义理论有更深刻的认识，从而增强其对中国特色社会主义的认同感。同时，学生也需要了解国家的历史和文化，培养爱国主义情感和民族精神。思想政治理论课实践教学能够使这一教学目标得到实现。

意志方面，教学目标是锻炼学生的意志力。通过思想政治理论课的实践教学，学生可以了解不同的思想和观点，从而提高其分析和解决问题的能力。同时，学生也需要学会思考，培养独立思考和创新意识。

行动方面，教学目标是培养学生的实践能力。思想政治理论课的教学需要结合实际，让学生在实践中学习，通过实践来巩固所学的知识和理论。实践教学是提高学生对相关理论知识认知和对马克思主义认同感的有效方法。

思想政治理论课实践教学能够使以上目标最终内化为学生的道德行为，促进学生的全面发展，让学生在实践中有所收获，从而提升教学质量。

4. 大学生对思想政治理论课的满意度有所提升

在过去的很长一段时间里，许多大学生都对思想政治理论课感到不满意。这些课程通常是枯燥乏味的，缺乏实际的应用和参与度，让学生觉得学到的知识没有意义。但是，最近的一些教育改革措施已经开始改变这种情况，尤其是实践教学的改革。

在现代社会，大学生需要更多的社会经验和实践机会，以便更好地适应社会环境。他们迫切地想要了解社会、接触社会、增长社会阅历。在这样的背景下，实践教学成了一个非常重要的组成部分。实践教学可以将学生带入真实的社会环境中，让他们了解社会的各个方面，与社会各界交流，从而增强他们的社会认知和实践能力。

实践教学的改革也对思想政治理论课产生了积极的影响。通过实践教学，学生可以更好地理解课程内容的实际应用价值，并且可以通过与社会各界人士交流来深入了解社会和国家政策。这种交流可以帮助学生更好地理解政治、社会和民生问题，增强他们的社会责任感。

实践教学的改革也使得思想政治理论课不再是枯燥无味的文字。学生们可以通过实践教学中的案例研究、参观调研、社会实践等方式更好地理解和应用所学的知识。这种参与度的提高可以让学生更加热爱这门课程，并且更加关注社会、关注民生、关心政治。

（二）思想政治理论课实践教学改革的趋势和经验

随着教育改革的不断推进，实践教学成了不可忽视的教育形式，越来越多的学校开始注重实践教学的改革和创新。实践教学改革的共性经验和趋势包括制度性建设、标准性建设、联动性建设和丰富实践教学内容和形式。

（1）制度性建设，包括教学计划制度化和管理制度化。教学计划制度化可以让学校更加规范地组织实践教学，确保教学目标的达成和教学质量的提高。管理制度化则可以加强对实践教学的管理和监督，促进实践教学的规范化和标准化。

（2）标准性建设，包括经费趋于标准化和考核趋于标准化。经费趋于标准化可以让学校更加公平地分配实践教学经费，确保实践教学的质量和效果。考核趋于标准化则可以让学校更加客观地评估实践教学的效果和质量，提高实践教学的管理水平。

（3）联动性建设，包括建立和完善不同部门的协调合作机制和学校加强与社会部门合作。建立协调合作机制可以让不同部门之间的工作更加协同，共同推进实践教学的改革和创新。学校加强与社会部门合作可以让学生更加深入地了解社会，增强实践教学的针对性和实效性。

（4）丰富实践教学内容和形式，包括丰富传统实践教学形式和采用先进技术和设备，开展虚拟实践教学。丰富传统实践教学形式可以让学生更加全面地了解实践教学内容，增强实践教学的趣味性和互动性。

二、高校思想政治理论课实践教学改革存在的问题

近年来,各大高校进行实践教学探索,开展实践教学活动,但由于思想政治理论课实践教学改革时间不长,加之各种因素的影响,实践教学在实施过程中出现一些问题,主要表现在以下六个方面。

(一)对实践教学认识的偏差问题

高校和理论课教师对实践教学的认识水平参差不齐,存在偏差问题。有些高校或教师对实践教学没有足够的重视,认为实践教学可有可无,或者只是把实践教学当作点缀和任务来完成,这种认识阻碍了实践教学的有效开展。而部分高校或教师认识到实践教学的功效和作用,但对其内涵存在认识的偏差或误区。一些人把实践教学等同于社会实践教学,缩小了实践教学的外延,使实践教学局限在实地调研、参观考察、现场参与等形式。而另一些人则把课堂教学的某些形式等同于实践教学,扩大了实践教学的外延,没有正确把握课堂教学和实践教学的区别,忽略了他们各自的特点和优势,限制了实践教学作用的发挥。

(二)实践教学组织的规范性缺位

思想政治理论课实践教学组织的规范性缺位主要体现在以下方面:首先,实践教学组织缺乏规范性,需要灵活操作的实施计划和规划。由于实践教学涉及多门课程和不同的实践环节,教师需要灵活地安排课程和实践活动,以满足学生的需求。但是,这也会导致教学计划和规划的不统一,缺乏规范性。其次,缺乏统一规范的实践教学大纲,导致教学目标和任务不明确,存在混淆。最后,实践教学涉及多门课程,缺乏统筹和协调,容易浪费教学资源。

(三)实践教学的保障机制错位

要让实践教学取得良好效果,需要相关的管理机制和经费保障机制。实践教学所涉及的范围广泛,需要校内不同部门、校内和校外间的

沟通和协调。实践教学的工作烦琐复杂，需要学校和相关教师花费一定的时间、精力才能完成。实践教学的活动场所可能会发生位移，需要一定的物质保障作为支撑。部分高校对思想政治理论课实践教学的设计和实施缺少必要的参与和管理。如此种种，思想政治理论课实践教学的实施需要大量的经费支持。然而，部分高校的实践教学并没有设立专项经费，而是从大学生的活动经费中划拨一部分。部分高校虽然设立了专项经费，但每生只有很少一部分，实践教学物质投入有待于进一步提高。学校应该加强对实践教学经费的管理和监督，确保经费的使用合理、透明，提高实践教学的质量。

（四）实践教学的考核机制缺失

科学的考核机制是确保实践教学有效实施、提高实践教学质量的重要条件。实践教学的考核评价机制应该是学校管理实践教育的一个重要环节，评价结果既能够反映学生在实践教学中的学习情况，也能够评估教学质量和教师的教学水平。然而，目前实践教学的考核评价机制还处于创立和完善阶段。相较于思想政治理论课理论教学的管理，学校对实践教学的管理相对较为宽松。很多高校在实践教学的考核内容、形式、方法等方面没有统一的考核标准或参照，没有具体、规范的操作机制，更没有一套完善、系统的审核和监督体系。这种情况导致实践教学中存在着一些问题，如学生抄袭应付作业的现象，以及教师不会认真、及时阅读学生的实践教学作业等。因此，为了解决这些问题，建立完善的实践教学考核评价机制是必要的。这一机制应该包括考核内容、形式和方法等方面的规定，要求学生在实践教学中必须独立完成任务，不得抄袭。同时，教师应该加强对学生实践教学作业的阅读和评价，及时给予指导和反馈。学校还应该建立一套完善的审核和监督体系，确保实践教学考核评价的公平、公正和客观性。

（五）实践教学与理论教学的断裂

高校思想政治理论课教材的统一指定是为了确保教学内容的质量和标准化，从而更好地培养学生的思想政治素质。思想政治理论课实践教学作为思想政治理论课的重要组成部分，也需要与教材内容相一致，并为教学目标服务。

实践教学在实施过程中存在着一定的盲目性和随意性,这可能会导致教学内容偏离教材,甚至与教材相矛盾。因此,教师需要在教学过程中注重实践教学与教材内容的对接,确保实践教学的质量和有效性。

同时,部分学校将实践教学和大学生社会实践活动混淆起来,忽略了实践教学和理论教学的一致性,容易造成实践教学和理论教学的断裂。因此,教师需要清晰地区分理论课实践教学和大学生社会实践活动,确保实践教学与理论教学相统一,为学生提供更加全面的教育。

(六)任课教师主导作用发挥不足

近年来,随着思想政治理论课的普及,其任课教师逐渐年轻化。这些教师虽然大多数都是博士或硕士毕业,但却缺乏实践经验。思想政治理论课是全校公共课,师生比例为1∶(350～400),然而,思想政治理论课实践教学要取得比较好的效果,需要任课教师积极参与,付出时间和精力。

由于精力所限和科研压力,许多任课教师让学生自行选择实践教学内容和形式,缺乏指导。这种做法可能会导致学生缺乏方向感,难以掌握实践教学的核心内容。此外,部分老师在组织课外实践教学活动时,基本由学生自行组织,教师缺位。这种情况下,学生可能会缺乏指导和监督,无法真正学到实践教学的精髓。

如何让教师发挥主导作用,是实践教学改革的重大难题。教师应该积极参与实践教学,根据学生的实际情况,提供个性化的指导,帮助学生更好地掌握实践教学的核心内容。同时,教师还可以组织课外实践教学活动,为学生提供更多的实践机会。在组织课外实践教学活动时,教师应该扮演好组织者和指导者的角色,为学生提供全面的指导和支持。

第四节 高校思想政治理论课实践教学改革的路径选择

随着社会的发展,道德教育在高等教育中的地位和功能不断提升。而实践教学作为道德教育教学的重要方式,也因此备受重视。国家高等教育改革的重点之一是提高道德教育水平和教学质量,因此实践教学也成为改革的重要方向之一。

一、制定实践教学改革战略

改革是为促进事物进一步发展的修正和改良,是一个国家、一个机构、一个组织、一个企业或一个学校迈向新的发展阶段的重要手段。改革需要从各个方面进行,包括政治、经济、文化、教育等。改革通常是自上而下推行的,需要在领导层面的支持和推动下进行。在教育领域中,实践教学改革是一个不断推进的过程。实践教学是学生在课堂以外进行的实践活动,可以帮助学生更好地理解理论知识,并将知识应用于实际操作中。实践教学改革需要在学校主要领导的推动或支持下进行。学校领导需要认识到实践教学的重要性,并积极采取措施推进实践教学的改革。实践教学改革需要从战略层面对实践教学进行整体规划和调整。学校应该制定实践教学改革的长期目标,并采取有效措施来实现这些目标。

(一)明确实践教学改革目标

改革目标,是指在一定期限内,在可控的前提下,改革所要达到的预期效果。实践教学改革的主要目标是以推进和改进实践教学方式为契机,以提高思想政治理论课和思想政治教育的实效性,培养符合社会需要的高素质的人才。具体而言,实践教学改革的具体目标包括认知目标、情感目标、能力目标和成才目标。

认知目标：在实践过程中获得感性认知，加深对所学理论知识的领悟和理解。这是实践教学改革的基础目标。

情感目标：培养爱国主义情感和民族精神，提高道德修养和素质，加深对社会主义和马克思主义的认同。这个目标是实践教学改革的重要目标之一。通过实践教学，学生可以更好地体验国家的发展和进步，增强对国家的认同感和责任感。

能力目标：在实践中获得各方面能力的提升，如动手能力、实践能力、创新能力等。

成才目标：培养符合社会需要的高素质人才。成才目标是实践教学改革的核心目标，知识、情感和能力目标有利于成才目标的实现。这个目标是实践教学改革的最终目标，通过实践教学，学生可以更好地适应社会的需要，成为未来社会发展的中坚力量。

上述四个目标将学生的知、情、意、行统一起来，形成相互联系的有机整体。在实践教学改革的过程中，要针对上述目标来设计实施实践教学内容和形式，切实提高实践教学的针对性和实效性。

（二）制定实践教学改革任务

实践教学改革应围绕改革任务制定改革的方案和具体措施。所以，制定改革任务对于提高改革的实效性起着重要的作用。根据实践教学的改革目标，实践教学改革的任务主要包括两大方面，一是教学任务，二是管理任务，如表 5-1 所示。

表 5-1　实践教学的改革任务

实践教学	教学任务	实践教学内容的设计、实施
		实践教学形式的选择
		实践教学结果的考评
改革任务	管理任务	相关指导文件的制定
		运行机制和相关管理制度的完善
		实践教学的投入

（三）设计实践教学改革方案

1. 根据实际情况，采用恰当的实践教学改革的推进方式

在当前高等教育中，实践教学已经成为一种必要的课程元素。为了加强实践教学的课程化建设，提高实践教学的教育效果和质量，一些学校开始探索以课程建设为导向的改革方式。其中，有两种主要方式。

第一种是设置专门的实践课程。这种方式的优点在于可以更加专注地开展实践教学，确保实践环节的充分实施。但是，缺点在于可能会导致实践教学与理论教学脱节，使得学生难以将两者进行有效结合。

第二种方式是在六门思想政治理论课中分别开展实践教学。这种方式的优点在于可以更好地将实践教学与理论教学相结合，保证教学的连续性和统一性。同时，这种方式也可以综合运用多种实践教学形式，更好地满足不同学科的需求。但是，缺点在于需要更多的教学资源和教师的精力投入。

因此，针对不同的学校和不同的课程设置，应该选择适合的改革方式。在选择第二种方式时，学校应该根据每门课的课程内容和要求，确定实践教学的具体形式和内容，保证教学的连贯性和有效性。同时，学校应该选择某些思想政治理论课或者某些班级进行试点，不断总结改革经验和教训，逐步完善实践教学的各个环节。

除了针对思想政治理论课的实践教学改革，学校还应该采用类似的方式，对其他课程进行实践教学改革。同时，学校也应该加强相关配套制度的建设，如教学计划、教材选择、教学资源配置等，为实践教学提供更好的保障和支持。通过这些措施，可以更好地推进高等教育的实践教学改革，培养出更多合格的应用型人才。

2. 根据实际情况，制定恰当的实践教学改革的实施方案

在当今高等教育竞争日益激烈的环境下，学校需要不断地进行实践教学改革以适应社会发展的需要。因此，学校应该根据目标和任务制定实践教学改革方案，并且这些方案应该具有科学性、前瞻性、协调性和可操作性。

首先，科学性是实践教学改革方案的基本要求之一。这意味着方案

必须符合改革规律，同时内容也应该合理。只有这样，实践教学改革才能够取得实质性的进展。

其次，前瞻性也是实践教学改革方案所必须具备的品质。这意味着方案需要能够预测可能出现的问题，并提供相应的解决方案。只有这样，学校才能够及时应对各种挑战和变化。

再次，协调性也是实践教学改革方案的重要因素。这意味着方案需要考虑到不同课程和部门之间的分工合作。只有这样，学校才能够充分发挥各方面的优势，实现协同发展。

最后，可操作性是实践教学改革方案的必要条件。这意味着方案应该具体可行，能够设立具体的指标来评估改革的成效。这样，学校才能够及时掌握改革进展情况，并总结经验和教训，进一步完善改革方案。

在实施实践教学改革方案的过程中，学校需要不断总结经验和教训，并且及时对改革方案进行优化和调整。只有这样，学校才能够不断地提高实践教学的质量，为学生的综合素质和职业发展打下坚实的基础。

二、转变对实践教学的态度

（一）转变传统的教育教学理念

传统的教育模式一直侧重于教师对于学生的理论知识灌输，而对于学生的道德品质和行为训练却少有关注。这种以教师为中心、以理论知识为主要内容、以灌输为主要形式的教育模式，制约了思想政治教育理论课实践教学的发展，人们已经逐渐认识到其局限性和不足之处。

实践育人的思想道德教育思想产生于春秋战国时期，经历了不断地研究、创新和发展。这种教育理念注重学生的实践能力和道德品质的培养，是一种以学生为本的教育模式。而西方实践育人思想为我国实践教学改革提供了参考。实践教学是“以学生为本”教学理念的回归，必须转变传统教育理念，促进教学思想的解放。实践教学注重学生的自主学习和实践能力培养，强调学生在实践中的探索和创新，转变传统教学观念需要认清教育形式，树立教育新思想，发展创新性思维，并将新观念、新思想付诸实践加深认识。教师应该更多地关注学生的实践能力和道德品质，注重学生的自主学习和实践能力培养。

（二）进一步提高对实践教学的科学认识

在高等教育的教学体系中，实践教学是一种非常重要的教学形式，它不仅仅是对理论教学的延伸和补充，更是与之平等的一种教学方式。提高对实践教学的科学认识要注意以下几点。

第一，对实践教学含义的科学认识。具有社会实践性的活动才可以称得上是实践教学，思想政治理论课实践教学的实践性和社会性是区别于理论教学和理工类课程教育的关键所在。

第二，实践教学在高等教育体系中占有非常重要的地位。它不仅仅是对理论教学的延伸和补充，更是一种与之平等的教学形式。实践教学的重要性认识需要进一步提高，对实践教学的态度也需要进一步转变。只有这样，才能够更好地推进高等教育的改革和发展，提高学生的实践能力和综合素质，为社会的发展做出更大的贡献。

第三，近年来，随着社会的发展和经济的快速增长，实践教育的重要性得到了越来越多人的认可。传统的教育观念和学术评价制度限制了实践教学的发展，使得许多学生只能在课堂上接受理论知识的灌输，而缺乏实践操作的机会。为了改变这种状况，教师们需要重新审视自己的教学方法和态度，关注教学工作和实践教学的应用，积极探索新的教学模式和方法，为学生提供更多的实践机会和体验。同时，学生们也需要注重客观感性认识的体验与实践，积极参与到实践教学中去，通过亲身体验和实践操作，更好地理解和掌握所学的知识。只有这样，才能真正实现知行合一的教育目标，让学生在实践中不断提升自己的能力和素质。

（三）营造良好的社会氛围

实践教学是国家培养人才的重要途径，不仅涉及高校相关行政人员、任课教师和学生，还包括其他社会主体。国家政府部门可以通过制定相关的法律法规以及政策制度来支持大学生的实践活动，如拨出专款、成立专门指导办公室来协调各高校的行动。同时，实践育人活动的有效开展，离不开社会组织的积极支持，包括社区、企业、第三组织在内的各种社会组织已经形成了一个有机结合的社会力量。

实践育人活动已经成为教育领域的重要组成部分。大学生通过实践活动，可以更好地了解社会、认识自我，积累社会经验和人际交往能力，提高个人综合素质。政府、高校、社会组织和企业都积极参与到实践育人活动中来，形成了一种多元合作的局面。政府通过制定相关法律法规和政策制度，为大学生参与实践活动提供了法律依据和政策保障。各高校可成立实践育人指导办公室，为学校的实践教育教学提供组织保障和有力指导。

社会组织也是实践育人活动的重要力量。社区、企业和第三组织都积极参与到实践育人活动中来，为大学生提供了实践平台和实践机会。比如，一些企业会资助学生开展社会服务活动，帮助学生实现自我价值；而第三组织则为学生提供了丰富多彩的志愿活动，培养学生的道德价值观念。

我国思想政治理论课实践教学的参与主体集中在高校范围内，其他社会力量的参与有待加强。为了解决这个问题，我们需要探索构建“政府 + 学校 + 社会”参与的实践教学氛围。这需要政府、高校和社会各方面的共同努力，通过制定具体政策和增加资金投入等方式，充分调动各方面的积极性。政府在这个过程中起到了至关重要的作用。政府首先要制定实践教学的具体政策，包括对高校思想政治理论课实践教学的要求、评估标准和资金投入等，以确保高校能够充分开展思想政治理论课实践教学活动。高校也需要加大宣传力度，让更多的社会力量了解实践教学的重要性。学校要加大实践教学对社会进步、企业发展的宣传，让更多的社会组织和企业了解实践教学的目的和意义。同时，学校还需要加强与政府、社区、志愿服务组织、企业的合作，尝试建立合作培养机制，让学生能够通过更多的途径在实践中获得更多的经验和知识。

三、完善实践教学的运行机制

（一）整合优化实践教学资源

思想政治理论课实践教学是大学教育的重要组成部分，其教学资源包括人力（教师、学生）、物力（教学场地、教学用具）、财力（经费）等显性要素资源以及信息、技术、管理制度、运行机制等隐性要素。这些资源是实现实践教学总目标的必不可少的要素。资源效益会影响实践教学组织实施的复杂性和实现范围、水平。如何科学地整合和利用这些教学资源,以达到最佳的实践教学,是思想政治理论课实践教学好坏的关键问题。

1.明确整合优化资源的步骤

在高等教育中,实践教学是培养学生实际能力和创新思维的重要手段。然而,实践教学的资源分散、不规范和重复利用率低等问题仍然存在。为了解决这些问题,需要整合优化实践教学资源。整合优化实践教学资源包括五个环节:开展社会调查、进行审核、建设信息库、后期管理、加强应用和评价。

第一,整合优化实践教学资源的第一步是开展社会调查,这也是搜集实践教学资源的关键环节。通过对社会各界实践教学资源的调查,可以了解各种资源的类型、数量、质量以及适用范围等信息,为后续的资源整合工作提供了重要的依据。

第二,进行审核。在这个环节中,需要对搜集的资源进行审核、筛选、优化、整合并确定资源的适用范围。这个环节需要综合考虑资源的质量、使用效果和适用范围等因素,以确保整合后的资源符合实践教学的要求和目标。

第三,建设实践教学资源信息库。将各种资源录入信息库中,可以方便教师和学生查找和使用资源。信息库可以采用多种形式,比如数据库、网站、移动应用等,以满足不同学习方式和场景的需求。

第四,搞好实践教学资源的后期管理是整合优化实践教学资源的第四步。不断地对实践教学资源进行维护和更新,可以保证资源的质量和适用性。实践教学资源的后期管理需要教师和学生共同参与,建立相应的管理机制和流程。

第五,加强对实践教学资源的应用和评价。应用和评价是整合优化过程的最终目标。只有通过实际应用和评价,才能发现资源的优点和不足,并及时进行调整和改善。同时,应用和评价也可以为后续的资源整合提供指导和参考。

2. 了解实践教学资源的范围

实践教学资源是一个复杂的系统，包含多个子系统。这个系统可以被分为三个主要部分，即校内资源、校外资源和虚拟资源。这些资源为学生提供了各种不同的学习机会和体验。

校内实践教学资源包括图书影像资料、实验设施场所、校园实践活动和相关人力资源等。这些资源为学生提供了在校内进行学术研究和实践项目的机会。例如，学生可以在实验室里进行实验或者在图书馆里查找资料。他们也可以参加校内的实践活动，如社会实践、实习和志愿者活动等。

校外实践教学资源主要是学校所在地和学校附近的德育资源，包括自然景观、人文历史资源等。这些资源为学生提供了了解当地社会和文化的机会。例如，学生可以参观当地的历史博物馆，或者去当地的自然保护区进行生态考察。

虚拟实践教学资源包括网站、网络论坛以及网络的文字图片和视频资料等。这些资源为学生提供了学习和交流的平台。虚拟实践教学已成为实践教学的重要资源和改革潮流。通过网络，学生可以自主学习，并与其他学生和教师交流和合作。

随着信息技术的不断发展，越来越多的高校加强采用虚拟实践教学形式，加快网络平台建设，通过网络让学生自主学习。这种教学方式可以满足学生对学习的灵活性和自主性的需求，让学生更好地了解真实的世界和解决实际的问题。

3. 把握整合优化资源的原则

在当前的教育教学中，实践教学资源的优化整合是非常重要的，它可以有效提高教学质量和效果。而实现这一目标需要遵循一些原则，下面就来介绍一下整合优化实践教学资源的原则。

首先，实事求是原则。教育教学必须紧密结合当前国情、地域特点、资源状况和学校特色，以此为基础，进行实践教学资源的优化整合。只有根据实际情况，量身定制教学方案，才能真正提高学生的学习效果。

其次，有效性原则。教学资源的优化整合必须要考虑到综合效益，包括教学质量、学生学习兴趣、教学成本等方面。只有提高教学资源的利用率，才能达到综合效益的最大化。

再次，针对性原则。教学资源的整合必须要根据教学目标和教育对象，确定具体的资源整合计划和利用方式。这样才能确保实践教学的针对性和有效性。

最后，广覆盖性原则。教学资源的优化整合必须要对所有资源进行整合，确保所有学生都能参与到实践教学中。只有这样，才能真正实现教育公平和教育质量的提升。

（二）建立和完善实践教学的组织管理机制

1. 成立专门领导工作的组织

由于实践教学任务繁重，单独由任课教师组织实施存在弊端。为了更好地管理实践教学，建立校级组织机构是必要的。这样可以完善实践教学管理机制，避免组织分散和协调困难。领导小组可以监督实践教学改革实施情况，解决问题，完善制度建设。这样可以保证实践教学的质量和效果。同时，还可以鼓励教师们积极参与实践教学的改革和创新。

如何保证高校思想政治理论课实践教学组织管理体制的良好运行，一直是高校思想政治教育工作的难点。为了确保整个实践教学组织管理体制的良好运行，需要满足以下三个条件。

首先，领导层面的支持是实践教学改革、发展的重要基础。领导层面需要充分认识到思想政治教育工作的重要性，以及实践教学对于学生思想政治教育的重要作用。领导层面需要给予足够的资源和支持，确保实践教学组织管理体制的顺利开展。其次，设计层面需要建设领导小组负责本校的思想政治教育工作。领导小组需要由校领导、教务处、学工处、团委、学生会等部门的负责人组成，负责统筹规划本校的实践教学工作。领导小组需要制定实践教学的具体计划，包括实践教学的内容、形式、时间等方面的规划。最后，执行层面需要按照既设体制，贯彻落实相关举措。具体来说，需要制定实践教学的管理制度，明确实践教学的教学目标、教学内容、教学方式、教学评价等方面的要求。同时，还需要建设实践教学的管理平台，包括教学资源、教学设备、教学环境等方面的建设。（图 5–1）

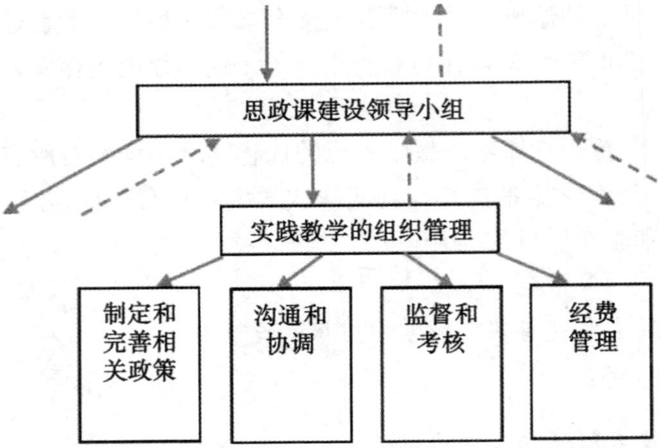

图 5-1　思想政治理论课实践教学的组织管理运行图

2. 制定和完善实践教学的相关文件

根据各高校的实际情况以及实践教学的特点，制定和完善实践教学的相关文件，将实践教学纳入思想政治理论课教学体系。例如，实践教学的最低学时和学分，相关教学材料（《实践教学大纲》《实践教学参考书》），实施方案，成绩评定标准等等。

（三）完善并严格执行实践教学的考核评价体系

对教学进行的考试和评价，主要是对大学生的学习过程中所遇到的问题进行分析，并提出相关解决措施，为教学改革方案提供依据。目前，高校实习管理工作中存在着许多问题，主要是缺乏有效的考核与评估机制。这里我们重点阐述对学生和教师的考核评价体系。

1. 对学生的考核评价体系

目前，我国高校普遍实行单一结果的诊断性评价体系，这也包括对思想政治理论课的考核评价。通常情况下是以平时出勤＋期中作业（论文）＋期末考试的形式，最终确定学生的德育分数。而当前的德育分数只是评价学生对课程知识的学习和掌握情况，而并不能全面反映学生在实践教学中的表现和收获。因此，我们需要在考核评价中加入更多的过程考核，包括学生的出勤情况和在实践教学中的具体表现。同时，也要重视结果考评，评价学生在课程中所得到的收获。

在对学生进行考核评价时，主体主要是任课教师和学校。其中，教师对学生的考核评价是最主要的组成部分。因此，教师需要在考核评价中兼顾过程考核和结果考核，过程考核主要是考查学生的出勤情况和在实践教学中的具体表现，包括教师的出勤记录、学生的实践日记以及校外接待单位的证明和反馈；结果考核主要是考查学生在实践教学中的表现和收获，可以通过调查报告和实践总结等方式。另外，除了教师，学校相关部门也需要严格执行对学生的考核评价制度，形成强有效的约束机制。这样才能保证评价体系的公正性和有效性，为学生提供更好的发展和成长环境。

2. 对教师的考核评价体系

在教学过程中，对于教师实践教学的考核评价体系，主要分为学生评价和学校评价两个方面。其中，评价可分为过程性评价和结果性评价。

在高校思想政治理论课实践教学改革过程中，实践教学实施的规范性问题也是一个突出的问题。在对教师实践教学进行评价时，不仅需要考虑到学生的所获和所得，还需要考虑到学校对教师实践教学的规范性和成效方面的评价。对于教师实践教学的结果性评价，主要是通过学生的所获和所得来进行评价。

学校对教师实践教学的评价，主要分为规范评价体系和成效评价体系两个部分。规范评价体系指标主要从教学计划、教学执行、教学总结三个教学过程提出具体指标，以此来考核教师在教学过程中是否规范。而成效评价体系指标则主要从学生的认知水平、道德情感和能力发展三个方面提出具体指标，以此来考核教师实践教学的成效。

在实际应用中，教师实践教学评价体系的制定和实施需要结合具体的实际情况和教学需求来进行。同时，也需要不断完善和改进，以提高教师实践教学的质量和效果。学校衡量教师实践教学组织情况的指标体系，具体如表 5-2 所示。

表 5-2　学校考核评价教师实践教学组织情况的指标体系

	指标	具体评价内容
实践教学规范评价体系	教学设计	1. 参考相关教辅资料,如实践教学大纲、实践教学参考书 2. 教学目标明确,实践教学与理论教学相一致 3. 教学方案(内容和形式)详尽灵活,贴近社会,反映时代要求
	教学执行	1. 教师对教学方案的执行情况 2. 教师主导作用的发挥情况,能够积极引导学生,实现教学目标
	教学总结	1. 教师对学生实践教学参与过程的考核评价 2. 教师对学生实践教学效果的考核评价 3. 对实践教学活动优势和不足的总结
实践教学成效评价体系	认知水平	1. 学生领会知识,加深对课程理论知识的认识 2. 学生应用知识,将社会主义知识应用到新的情境中 3. 学生评价知识,建构科学知识体系
	道德情感	1. 学生接受社会主义观念和道德(世界观、人生观、价值观、道德观) 2. 学生评价社会主义观念和道德 3. 学生将社会主义观念和道德内化为自己的观念和行为,坚定社会主义的立场
	能力发展	1. 学生政治素质的提高 2. 学生贴近社会、了解社会、适应社会 3. 学生实践能力的提高,包括发现问题、分析问题、解决问题的能力 4. 学生创新思维和创造精神的提升

根据表 5-2 可知,学校的考核评价指标体系是学校管理的重要组成部分,它包括组织规范性的评价指标和成效的评价指标。组织规范性的评价指标主要包括教学组织、课程设置、师资力量等方面,而成效的评价指标则主要涉及学生的学习成果、学生的学习能力等方面。这些指标的设计和制定为学校的教学管理提供科学依据,可以根据这些指标制定考核方案。

在考核方案中,需要细化指标、要求提交书面证明材料和设立调查问卷,以保证考核评价的科学性和客观性。第一,为了保证实践教学的规范性和有效性,教师需要提交相关的材料,并辅以相关的问卷调查结果,以判断实践教学实施的规范性。这些材料包括教学大纲、教案、教学反思等。教师需要根据学校的评价体系制定相应的教学设计方案,并根据方案进行实践教学。第二,为了保证实践教学的效果,需要对实践教学进行全面的评价。评价的主要形式是学生问卷调查,以问卷得分为主要参考,判断其实践教学成效。通过问卷调查,可以了解学生对实践教学的观感和评价,进而针对性地改进实践教学方案,提高实践教学的效果。

四、进一步提高实践教学的投入

(一)提高学校对实践教学的投入

1. 提高实践教学的管理投入

加强实践教学的管理投入,是目前高校教育中亟待解决的问题之一。其中,政策制定、学科沟通协调机制、监督考核机制等方面的管理投入至关重要。只有这些管理投入得到充分的重视和实施,才能够保障实践教学的顺利开展。

实践教学基地是保障实践教学顺利、连续、有效开展的重要条件。因此,建设实践教学基地是高校教育中的一项重要任务。建设校内实践教学基地,需要充分利用相关学科、相关专业的资源优势,尽可能地满足学生的实践需求。同时,要注重基地的建设和管理,确保基地的教学设备和实践场地的质量。建设校外实践教学基地需要注意:一是选择合适的基地是至关重要的,必须考虑基地的位置、设备、管理等方面的因素。二是实现共赢是建设校外实践教学基地的一个重要目标,需要与基地管理者和企业进行充分的沟通和协商。三是校外实践教学基地的管理和维护,需要建立有效的管理机制,确保基地的长期稳定运营。

2. 提高实践教学的师资投入

为了提高这门课程的教学质量,需要采取一系列的措施来保障思想政治理论课实践教学的师资投入。

首先,配齐思想政治理论课的任课教师。需要完成教育部规定的比例指标,可以实行专兼职教师的模式。这样的模式可以保证每个学生都能够接受高质量的教育,同时也可以充分利用专业教师的专业特长和经验,提高教学效果。

其次，提高思想政治理论课实践教学教师的素质，包括选拔、培训、引导、帮扶等途径。教师的素质是影响课程实践教学质量的关键因素之一。为了提高教师的素质，可以通过选拔具备优秀教学能力和热爱教育事业的人才进入该领域，通过培训和引导帮助教师不断提升自己的教学水平。同时，为了帮助年轻教师提高实践能力，可以引导教师积极组织实施实践教学。培训形式包括集中授课、讲座、参观考察、挂职锻炼等，旨在提高教师教学能力和对社会热点、难度问题的深入理解。这些培训形式可以帮助教师了解行业最新发展情况，掌握最新教学技巧和方法，同时也可以加强教师与行业之间的互动，提高教学效果。

3. 提高实践教学的物质投入

实践教学的物质投入可以分为政府的经费投入、学校的经费投入、社会的经费投入以及师生自身的投入。持续稳定的物质经费保障是高校思想政治理论课实践教学正常进行的必要条件之一。实践教学所需要的经费要远远大于理论教学，因为实践教学需要投入更多的人力、物力和财力。

在实践教学中，需要投入大量的经费用于实验室设备购置、场地租赁、实习津贴、教师培训和专业服务等方面。这些经费需要从多个渠道获取，而高校应该适当提高思想政治理论课实践教学的经费投入，以保证实践教学的正常进行。

思想政治理论课建设小组应该争取党委和行政干部对实践教学的认可和支持，争取更多的经费投入。同时，加强与学工以及各个学院的沟通，使实践教学的经费分配更加公平合理。除了高校自身的经费投入外，地方政府和社会也应该为高校实践教学提供支持。高校可以积极争取地方政府和社会的经费支持，以满足实践教学的需要。

（二）提高任课教师对实践教学的投入

1. 加强教师对实践教学的主导作用

在大学教育中，实践教学是非常重要的一环。然而，实践教学不仅仅是让学生去实践，更需要教师的指导和组织。教师需要关注学生的学习情况，同时也需要扮演组织者、引导者和评价者的角色，以便更好地促进学生的学习和成长。同时,教师也需要考虑学生的专业特点和要求,并且与学生保持充分的交流和互动,以便更好地提高学生的认知水平和学习效果。以下是实践教学中教师需要注意的几个关键点。

首先,实践教学要以学生为中心,但教师不能忽视对学生的指导。这意味着教师需要关注学生的学习情况,及时给予指导和建议。同时,教师也需要根据学生的学习需要,充分发挥在实践教学中起主导作用,组织学生参与决定内容、形式、进程,并对实践项目进行调整和优化,引导学生在实践中掌握技能和知识,以便更好地满足学生的实践需求。

其次,任课教师要考虑学生的专业特点和要求,与学生所学专业相契合,兼顾知识水平和接受能力,在不同阶段实施不同实践项目。这要求教师充分了解学生所在专业的特点和要求,并且根据学生的学习水平和接受能力,设计不同难度和类型的实践项目,以便更好地促进学生的学习和成长。

最后,师生之间要加强交往和互动,引导学生从感性认识上升为理性认识,并用理性认识去指导实践,丰富和深化大学生的认知水平,提高他们的学习效果。

2. 实践教学内容的设计及实施

实践教学在教育教学中扮演着重要的角色。它不仅能够帮助学生更好地理解理论知识,还能够提高学生的实际操作能力。但是,要想让实践教学真正发挥作用,在设计与实施过程中必须注意以下几点。

首先,实践教学要紧扣教学目标,与理论教学内容相联系。教学目标是教学活动的核心,实践教学也不例外。在开展实践教学之前,必须清楚地明确教学目标,根据目标要求确定教学内容,创造出符合实践教学的环境和条件。实践教学不是随意进行的,必须遵循一定的教学计划和流程。在教学过程中,要注重学生的参与度和主动性,让学生在实践中发挥自己的主观能动性,自我探究,自我发现,从而更好地掌握所学知识。

其次,实践教学涉及哲学理论、政治教育、道德教育、社会教育等多个方面。这意味着在实践教学中,不仅要注重技能的培养,还要注重学生的思想品质、社会责任感等方面的培养。因此,实践教学要尽可能贴近社会实际,让学生在实践中感受到社会责任和使命感。

再次,实践教学与理论教学是相互促进、协调发展的关系,两者不能割裂。实践教学是理论教学的延伸和补充,理论教学是实践教学的基础和指导。因此,在实践教学中,要注重将理论知识与实践操作相结合,让学生更好地理解和掌握所学知识。

最后,实践教学内容要与学生的专业相联系,注重差异化教学。不同专业的学生所需掌握的实践技能和知识也不同,因此,实践教学的内容和形式也要因人、因专业而异,更好地满足不同学生的需求。

3. 综合运用多种实践教学形式

(1)深入社会调查实践形式

社会调查是我国社会实践教学的主要形式,它是一种学生在社会实践中积累经验的重要途径。社会调查是一项有意义且富有挑战性的任务,可以帮助学生了解社会现象和问题,提高其社会实践能力和社会责任感。

经费和监督机制等因素限制了大部分学生的社会调查方案。许多学生在进行社会调查时,遇到了资金不足和时间紧迫等问题。此外,监督机制也是一个问题,许多学生在调查中遇到了信息不足、数据不准确等问题,这使得他们的调查结果不够准确和客观。

为了解决这些问题,需要扩大学生的参与范围,实现参与学生的全员化。这意味着学校应该提供更多的资金和支持,充分发挥学生的创造力和想象力,使他们能够设计出更好的调查方案和实践活动。同时,学校还应该严格监督学生的调查过程,确保调查结果的准确性和客观性。

另外,调研主题应与开设的课程相关。这可以帮助学生将理论知识与实际问题相结合,使他们更好地理解和应用所学知识。例如,如果学生正在学习环境保护课程,调查主题可以是城市垃圾处理问题,这能够更好地帮助学生理解环境保护的重要性和实际操作方法。

(2)发展志愿服务实践形式

国家非常重视社会服务活动,将其视为培养学生社会责任感和公民意识的重要途径。社会服务不仅是一项社会义务,更是一种与学习相结合的教育方式。在有的高校,社会服务已成为学生学习的一门科目,赋予相应的学分,规定学生每学期参与服务的时间不少于 20 小时。通过参与社会服务,学生可以了解社会问题,增长社会经验,培养社会责任感和团队协作能力。

很多高校把志愿活动作为学校的授课内容,特别是一些专业,如教师，没有参加社会服务就不能取得专业资格。高校鼓励学生参加各种志愿活动，包括为社会团体、慈善机构或残障人士提供服务。通过参与志愿活动，学生可以提高自己的实践能力，培养自己的人际交往能力和组织协调能力。

某高校设立了《社会服务》的必修课，要求学生到工厂、农村以及落后山区，通过扶助民众来树立正确的价值观。这些课程旨在让学生了解社会问题的根源，帮助他们成为更有责任感和担当的公民。通过社会服务活动，学生还可以发现自己的潜能，增强自信心和自尊心。

总体而言，我国社会服务的实践活动还有待于进一步发展。虽然我国大学也有社会服务的要求，但大部分学生只是简单地完成一些服务时间，而没有深入地了解社会问题和发挥自己的专业特长。因此，我们需要更多地关注社会服务的意义和价值，积极推广社会服务活动，让更多的学生参与其中，从而培养出更多有责任感和担当的公民。

（3）利用互联网开展虚拟实践教学

随着互联网技术的发展，虚拟实践教学逐渐成为一种重要的教育方式。虚拟实践教学利用互联网等相关技术的支持，为学生提供了更为广阔的学习途径和更为丰富的学习资源，帮助学生更好地掌握知识和技能。

虚拟实践教学的内容包括虚拟体验、网络调研、模拟研练、网事研究等。虚拟体验是指学生在虚拟空间中进行参观，可以让学生在没有实际前往实地的情况下了解更多的信息。网络调研是通过网络对某一主题进行调查研究，让学生能够更加深入地了解所学内容。模拟研练是让学生制作网页或电子材料，通过实际操作来锻炼学生的技能和能力。网事研究是学生利用网络资源进行深入研究，使学生能够更加全面地了解所学内容。

虚拟实践教学为实践教学的组织和开展提供了广阔的途径。传统的实践教学需要学生前往实地进行学习，而虚拟实践教学则能够通过互联网等技术将学生带入虚拟场景中进行学习，避免了实地学习带来的诸多不便。虚拟实践教学还可以将学生从烦琐的实地操作中解放出来，让学生更加专注于学习的本质。

（三）提高学生对实践教学的投入

实践教学是一种不可或缺的教学模式，它强调学生通过亲身体验和感性材料来获得知识和技能。然而，为了更好地开展实践教学，需要将实践教学与教育理论相结合，并以“做”为核心。在实践教学中，学生应处于“主体”地位，以“学生为中心”。这意味着学生应该参与主题选择、形式策划、过程监控、评价和总结等方面，以充分发挥他们的参与作用。

在实践教学中，学生应该通过亲身体验和感性材料的获得来学习知识和技能，如实地考察、实验研究、社会实践等。增加学生对实践教学的投入，对于提高实践教学质量有着重大的意义和影响。教师应该在实践教学中充分发挥学生的创造力和想象力，以激发他们的学习热情和兴趣。同时，教师还应该关注学生的反馈和评价，以及对实践教学的总结和反思，以不断提高教学质量。提高学生对实践教学投入的途径主要包括三个方面，一是激励，二是宣传，三是监督和考核。前两个途径是从软环境着手，第三个途径是从硬性规定着手，做到软硬兼施，最终提高学生对实践教学的投入。

1. 激励学生积极参与实践教学

激励主要是指激发人的动机，使其朝着既定方向为之努力。奖励制度是激励学生参加实践教学的重要手段。学校可以通过物质和非物质两种奖励形式，鼓励学生积极参与实践教学。物质奖励可以是实践经费、学分、证书等，非物质奖励可以是荣誉称号、学术论文发表等。通过奖励制度的设置，激发学生参与实践教学的积极性和热情。

2. 加强对实践活动的宣传

宣传工作也是激励学生参加实践教学的重要手段。学校可以通过各种传播媒介，如校园广播、校园电视、校园网站等，宣传实践教学的意义和价值，让学生了解实践教学的重要性，从而对实践教学产生积极态度和情绪。

3. 加强对学生实践教学参与度的监督和考核

监督和考核是激励学生参加实践教学的有效手段。学校可以通过制定相应的监督和考核机制,对学生参与实践教学的情况进行监督和考核。对于参与度不高的学生,可以采取相应的惩处措施,让学生重视实践教学,提高参与度和质量。

第六章

高校思想政治理论课实践教学保障

第一节 高校思想政治理论课实践教学的思想保障

确立理论联系实际的指导原则，作为立体化推进思想政治理论课实践教学的根本指针，既是当前思想政治理论课的客观现实提出的迫切要求，又具有坚实的理论基础。它是辩证唯物主义和历史唯物主义的基本原理的体现，也是马克思主义关于教育教学与生产劳动相结合学说的要求，因而可以说它是立体推进实践教学有效开展的思想保障。

一、马克思主义教育教学与生产劳动相结合学说的发展

伴随着社会实践的持续发展，马克思主义教育教学与生产劳动相结合的学说及理论研究的持续充实，从一开始的时候，这一学说主要是指工人和儿童的劳动及教育教学的权利这一具体内涵，现在它已经发展成了一种与现代教育教学发展趋势相一致的普遍教育教学规律，它既可以应用在对青年人的教育教学、培养以及产业工人的培训等领域，也可以应用在高等教育体制的改革、办学模式的探索以及思想政治理论课的实践教学方法的探索等方面。具体而言，“教育教学”与“生产劳动”在内涵与外延以及二者相结合的方式与途径等方面都得到了新的发展与充实，成为与实践相结合的思想来源。

（一）对“教育教学”和“生产劳动”内涵与外延的丰富

第一，就“教育教学”的含义而言，不仅仅指传授知识与技能的活动，还包括负责教育教学工作的机构与人员、教育教学的模式与体系、内容与方法、质量与效益等，即已突破了狭义的学校教育概念，而成为具有广泛含义的大教育教学观。

第二，“生产劳动”也早已从“体力劳动”这个概念扩大了，既包括

体力劳动，也包括脑力劳动；既包括直接劳动，也包括间接劳动；既包括劳动的过程，也包括劳动的领域和部门，从而使得“生产劳动”成了广泛的社会生产系统。

第三，教育教学与生产劳动结合的方式也有了很大的变化，即在简单的“劳动中安排学习或在学习过程中安排体力劳动”的方式，向多层次、多途径、多功能的结合方向发展。例如，当前在全世界范围内蓬勃开展的“合作教育（产学研合作教育教学）”，就是这种新的结合方式的具体例证。

（二）对教育与生产劳动相结合内容和方法的发展

随着现代经济和技术的飞速发展，教育质量和效果的提高已成为当今社会的重要任务之一。这要求我们将教育教学与生产劳动相结合，不断推动教育教学与生产劳动的新发展。教育教学与生产劳动相结合至少应该包括以下方面。

一是教育事业的发展，必须同国民经济的发展相适应。这一点要求教育体制、教育结构、教学内容、教学方法、教育主体与教育客体等都应主动与国民经济的发展相适应，教师和学生都应该了解、关心、参与，积极投身国家的经济建设和各项事业的全面发展。

二是教育教学与生产劳动应成为相互制约、相互促进的有机统一体，这将双向促进大学生全面发展和社会生产率提高。因此，教育教学与生产劳动相结合的重要性不容忽视。

三是教育教学与生产劳动相结合应包括宏观结合、中观结合和微观结合等多个方面。宏观结合是指教育教学与整个社会和经济的发展相结合，中观结合是指教育教学与不同的产业和行业相结合，微观结合则是指教育教学与企业和个人的实际操作相结合。这些方面的结合将有助于推动教育教学与生产劳动的新发展。

四是教育教学与生产劳动相结合的内容、方式、方法等会随着时代和生产力的发展而不断变化。我们需要不断地适应新的时代和生产力的发展，不断创新教育教学与生产劳动相结合的方式和方法，以更好地推动教育教学与生产劳动的发展，实现社会的可持续发展。

二、理论联系实际原则是思想政治理论课实践教学的思想保障

实践教学是高等学校借助于一定的手段,有意识、有目的地对大学生进行认识和改造世界的一种社会性教学活动。马克思主义认识论认为,人的认识离不开实践,只有人们的社会实践,才是人们对于外界认识的真理性标准。只有在实践的基础上,才能达到主观与客观、理论与实践的具体的历史的统一。

(一)理论联系实际是马克思主义认识论最基本的观点

理论联系实际包含三个基本特点。

一是理论源于实践而又高于实践。实践是认识的源泉,但实践经验需要通过系统化、抽象和归纳才能形成理论。也就是说,理论是实践经验的高度概括和提炼,是人们对于客观世界的系统化了的理性认识,它不再仅仅停留于表面现象。因此,理论既源于实践又高于实践。

二是理论的最终目的在于指导实践,可使实践具有明确的目的性,能够为实践提供科学的认识方法,减少盲目性,它可以使实践更加高效。理论的产生和发展是为了更好地服务于实践,为实践提供科学的解决方法和有效的指导。实践和理论相辅相成,相互促进,缺一不可。

三是理论必须接受实践的检验,只有将理论应用于实践,看是否能达到预想的目的,才能检验理论的正确与否,正确地保留下来并不断发展,错误的将被淘汰掉。理论与实践相结合,可以不断推动知识的进步。

总之,实践和理论相互依存,相辅相成。实践是理论的根据,理论是实践的指导,二者相互促进,推动着社会的发展。只有把实践和理论结合起来,才能更好地服务于社会和人民,为实现自我价值和社会价值做出更大的贡献。

(二)理论联系实际原则为实践教学指明了方向

理论联系实际是马克思主义的优良学风,也是实践教学的指导方针。思想政治理论课教师在实践教学中,尤其应该坚持这一原则,并将其自觉地应用于教学实践之中。

1. 思想政治理论课教师要牢固树立实践的观点

实践教学是实现理论与实际、主观与客观相统一的唯一桥梁。对于思想政治理论课教师来说，只有通过实践教学，才能使自身和学生更加准确、深刻地认识社会实践。实践教学包括国情、民情、科技发展和生产实际等方面，这些都是课堂教学所无法替代的。

在教学过程中，间接获取信息是必要的，但在某些方面只有师生亲自深入下去才能得到正确的感知。亲身参与实践的斗争才能触及事物的现象和本质，也才能真正获得教学相长的效果。比如在学习社会调查和研究方法时，只有亲自去调查实践中的问题，才能真正掌握理论知识的应用。

马克思和毛泽东的作品都是通过亲身参与实践得出的结果，思想政治理论课也需要实践教学。教师们可以安排学生去实践中了解社会现实，然后让学生通过案例分析和理论联系，深入探讨社会问题的本质。这样，才能让学生在实践中领会理论，从而加深对理论的理解。

2. 思想政治理论课教师要自觉组织实践教学

近年来，社会对高校毕业生的要求越来越高，越来越多的企业和机构开始重视大学生的实践经验和能力。因此，高校教育也在逐步转变，实践教学成了思想政治教育的重要组成部分。而思想政治理论教师开展实践教学更是具有重要的意义。

实践教学课的重要性在于它能够帮助学生将理论知识转化为实际操作能力。实践教学能够帮助学生加深对理论知识的理解和记忆，同时也能够让学生更好地掌握实际操作技能。这对于学生将来的职业生涯和社会实践都具有重要的意义。

然而，一些教师对实践教学的认识存在问题。他们认为实践教学只是简单的模拟操作，缺乏理论性和实际指导。这种认识是错误的，实践教学应该是理论与实践相结合的完整过程。教师应该注重实践教学的理论指导和实际操作指导，让学生在实践中更好地理解和掌握理论知识。

为了更好地开展实践教学，教师需要转变观念，成为自觉行动的推动者和引领者。教师应该注重理论与实践的结合，将实践教学纳入教学计划，注重实践教学的指导和评估，同时还应该注重实践教学的创新和实践成果的分享。将理论与实践相结合，帮助学生更好地掌握实际操作能力，为学生的职业生涯和社会实践奠定坚实的基础。

3. 思想政治理论课教师要在实践教学中检验、发展和完善已掌握的理论

实践教学是指学生在学习理论知识的同时，通过参与实际活动来将所学知识运用到实践中，以达到更好的学习效果。在实践中，学生可以通过亲身经历来理解理论知识的实际应用，增强对知识的掌握和应用能力。

思想政治理论课是培养学生社会责任感和综合素质的重要课程，其中教师在学生的成长中扮演着至关重要的角色。实践教学不仅对学生有益，对思想政治理论课教师也具有重要意义。通过组织开展实践教学，教师可以检验自己所学的知识是否符合实际生活需要。同时，教师也可以通过实践教学确定哪些知识需要更新和提高，从而不断提高自身的实践能力和指导能力。这就要求教师不仅要掌握科学技术的最新理论知识，还要能够利用这些知识指导学生参与社会实践，教师在组织实践教学时，可以根据学生的实际情况和社会需求，安排合适的实践活动，从而提高学生的实践能力。

（三）教育与生产劳动相结合理论对实践教学的指导作用

思想政治理论课实践教学作为一种教学活动，必须在科学理论的指导下进行。马克思主义教育理论关于教育与生产劳动相结合的思想，正是这一教学活动的理论指导。

1. 思想政治理论课实践教学是马克思主义教育与生产劳动等社会实践相结合学说的具体体现

思想政治理论课实践教学既是一种教育过程，又是一种劳动和社会服务的过程。一方面，新世纪新阶段的社会主义高等教育对思想政治理论课教师的素质提出了更高的要求。随着高等教育向大众化发展，我国高等学校比较集中地补充了一大批思想政治理论课教师，这批教师有较好的业务基础知识和外语水平，思想活跃、精力充沛，但大都没有或很少参加社会实践，缺少基层实践锻炼，因而不同程度地存在着脱离实

际、脱离国情乃至脱离工农群众的倾向。为了搞好实践教学，让思想政治理论课教师走出校门，走向社会，贴近群众，参加社会实践，不仅可弥补他们在实践上的缺失，更重要的是通过此环节了解国情，培养理论联系实际的能力，全面提高自己的思想素质和业务水平，更好地促进教学水平的提高。

另一方面，随着全面建设小康社会的逐步推进，社会也迫切需要高校的知识服务。思想政治理论课教师在开展实践教学的过程中，既要亲自参加一些生产劳动，体会与感受劳动群众的生活方式和思想感情，坚定为人民服务、为社会主义服务的信念，又要指导学生运用所学专业知识和技术为社会提供服务，帮助他们提高分析问题和解决困难的能力。

2. 马克思主义教育与生产劳动相结合的学说，对思想政治理论课教师开展实践教学具有重要的指导作用

概括地说，这种作用突出表现为以下四点。

一是培养学生成为全面发展的人才，帮助学生实现素质的提高。马克思主义教育与生产劳动相结合学说的目标就是培养和造就全面发展的人，因此，这需要高校思想政治理论课教师在教学过程中注重实践教学，不搞形式主义，以帮助大学生全面成长成才为根本出发点，承担起育人重任。

二是要把了解、适应、参与、服务于经济与社会建设作为其主要内容。在实践教学中，了解、适应、参与、服务于经济与社会建设，学生可以学到很多实际操作的知识，也能够更好地理解课堂中的理论知识，能够贴近时代、生活、学生、经济与社会发展的实际，产生更好的效益。

三是在实践教学中，应该遵循双向受益的原则，注重经常性和灵活性相结合。多层次地开展实践活动，使教育与生产劳动有机地结合，收到更好的效果。同时，学生也可以带着创新的思维去解决实际问题，从而提高创新能力和实践能力。

四是要与贯彻执行党的教育方针紧密联系起来。教育是国家和社会的重要组成部分，也是推动国家现代化和社会进步的关键力量。在中国，教育的发展一直紧密关联着社会主义现代化和人民的利益。为此，教育必须为社会主义现代化服务、为人民服务，并与生产劳动和社会实践相结合，这是教育必须坚持的原则。

中国共产党的教育方针是培养德智体美劳全面发展的社会主义事

业的建设者和接班人。这意味着,在教育中,不仅要注重学生的学习成绩和知识储备,更要注重培养学生的思想道德和身体素质。只有这样,才能真正培养出德才兼备的社会主义事业的合格建设者和可靠接班人

思想政治理论课是贯彻落实党的教育方针的重要途径。通过实践教学,使高校师生更深刻、更全面地领会党的教育方针的含义和要求。在教学过程中,要更坚定、更自觉地贯彻执行党的教育方针,让学生从思想上认识到自己的责任和使命,将所学知识运用到实践中去,为社会主义现代化事业的发展贡献自己的力量。

通过这样的教育方式,我们可以培养出一大批德才兼备的社会主义事业的合格建设者和可靠接班人。这些人将承担起推动社会进步和国家现代化的重任,为实现中华民族伟大复兴的中国梦贡献自己的力量。因此,我们要重视教育,重视实践教学,让教育成为我们国家和社会的强大动力。

第二节　高校思想政治理论课实践教学的师资保障

高校思想政治理论课实践教学中,实践教学师资队伍建设是非常重要的,高校应该认识到这一点,并重视思想政治理论课实践教学队伍建设。为此,制定相关政策,采取多项措施加快建设步伐是必要的。实践教学队伍是高校思想政治理论课实践教学的基础和核心。这个队伍应该是学历、职称、年龄、专业等结构较为合理,教学、科研、管理融为一体的实力较强的实践教学师资队伍。他们应该具备高度的责任感和使命感,能够积极投入到实践教学工作中去,为学生提供优质的教学服务。

一、高校需要建立“教辅结合”的思想政治理论课实践教学教师队伍

在高校教育中,思想政治理论课是一门重要的课程,涉及学生的思想、观念和价值观等方面。然而,思想政治理论课实践教学却存在着一些教育思想、教学方法和教学质量等方面的问题。

为了解决这些问题,强化师资队伍建设是关键。目前,思想政治理论课教师数量不足,需要从学校和学生发展大局出发,尽量按师生比例配备好思想政治理论课教师。因此,建立一支由党政干部和共青团干部、思想政治理论课教师为主体的师资队伍,广泛参加社会实践课程,也是非常必要的。

实践教学是高校思想政治理论课教学的重要组成部分,但也是难点。因此,思想政治理论课教师队伍需要具有丰富的实践经验和教学经验,同时还需要不断更新教学方法和教育思想。辅导员也可以作为思想政治理论课实践教学的主体之一,与教师队伍相互配合,实现课堂教学与实践教学同进并互补。

二、高校辅导员承担思想政治理论课实践教学的优势

高校辅导员队伍是承担学生思想工作的重要力量。辅导员作为学生思想工作的负责人,与学生走得最近,他们对学生的思想状况、心理状况、学习状况都有着深入了解。因此,辅导员队伍可以与思想政治理论课教师队伍"教辅结合",充分发挥优势,形成合力,为学生提供更全面的思想教育。

在进行思想政治理论课实践教学时,辅导员队伍还可以利用班会、团员活动以及义务劳动进行实践教学。在这些活动中,辅导员可以引导学生思考、探究、实践,使学生在实践中逐步形成正确的思想观念和价值观念。同时,辅导员队伍还可以邀请学生参与校外参观考察,拓宽学生的视野,提高学生的思想素质。辅导员队伍是思想政治理论课实践教学中重要的一支队伍,具有政治素质过硬、亲和力强、沟通能力强等优势,能够与学生建立良好的关系,有效地开展思想政治教育理论课实践教学工作。

(一)辅导员比思想政治理论课教师更了解学生

在思想政治理论课教学中,思想政治理论课教师与学生的接触机会相对较少,难以及时了解学生思想变化,为了更好地了解学生的思想动态、发展脉搏,辅导员成了思想政治教育的骨干力量。辅导员与学生联系最紧密,能够成为最及时把握学生思想变化的教师。辅导员在日常工

作中，经常与学生交流，了解学生在学习、生活、情感等方面的变化，能够及时发现学生思想变化的脉搏，为学生提供必要的帮助和支持，确保大学生思想政治教育的有效开展。

除此之外，辅导员还能够通过多种方式进行思想政治理论课实践教学，如组织讲座、开展主题活动、组织讨论等，这些活动都能够帮助学生更好地了解和掌握思想政治理论知识，增强他们的思想政治素质。

因此，思想政治理论课实践教学中教师们应该充分发挥辅导员的作用，与辅导员密切合作，共同推动思想政治理论课实践教学的有效开展。

（二）辅导员有较强的组织管理能力

许多思想政治理论课教师在组织实践教学时常常遇到两个难题：一是组织学生参加实践教学的能力不强；二是与学生接触少，难以保证较高的出勤率。而辅导员则比思想政治理论课教师有更强的发动学生参与实践教学的组织管理能力和条件。虽然辅导员的理论水平可能不如思想政治理论课教师，但其组织管理学生活动的能力更强，可打“感情牌”，对学生入党、评定奖学金等有较大影响力。辅导员与学生接触多，能够深入了解学生的需求和心理，从而更好地组织实践教学活动。此外，辅导员对学生家庭情况更了解，便于通过学生来调动其家长所掌握的资源，开拓实践教学新渠道。

在实践教学中，辅导员在组织管理方面也有独特的优势。辅导员能够更好地协调学生之间的关系，避免因个人原因而影响整个团队的效率。辅导员还能够更好地处理学生之间的矛盾和问题，从而营造一个和谐的学习氛围。此外，辅导员还能够更好地组织学生的实践教学活动，包括安排场地、教学设备和其他必要的资源。

因此，高校思想政治理论课实践教学中应该更加注重辅导员的作用，充分发挥他们的能力和优势，为学生的成长和发展提供更好的支持和帮助。

（三）辅导员队伍整体素质高

近年来，随着高校辅导员队伍的不断壮大，越来越多年轻的、精力充沛的、文化素质较高的辅导员加入到了高校的教学队伍中。据了解，目前辅导员普遍具有硕士以上学历和教师资质，这为高校的思想政治理论课教学提供了有力的支持。

在高校中，思想政治理论课一直是非常重要的课程之一，但由于理论课教师师资短缺的问题，长期以来一直存在着教师数量不足、向实践教学投入精力不够等问题。辅导员的加入，可以缓解这些问题。从整体来看高素质的辅导员作为高校的管理人员，具有丰富的管理经验和教学经验，可以在教学和管理方面发挥重要的作用。他们可以将自身的管理经验和教学经验应用到思想政治理论课的实践教学中，提高教学效果，使学生更好地理解和掌握课程内容。

中共中央宣传部、教育部要求高校按不低于 1：350 的比例配备思想政治理论课专任教师，这意味着高校需要大量的思想政治理论课教师。然而，由于教师数量的不足，高校往往难以达到这一标准。在这种情况下，辅导员的加入无疑是一种很好的解决方案，可以大大缓解高校思想政治理论课教师的短缺问题。

三、高校辅导员承担思想政治理论课实践教学的积极效果

（一）有助于保证思想政治理论课教学的整体性

在高校教学中，辅导员承担思想政治理论课实践教学，成为日益普遍的现象。这种教学模式不仅有助于突破教学中的难题，还能够提高课程整体水平。实践教学和课堂教学要实现同目标、同内容、同进度、同考试，这样才能够使学生在实践中真正理解课堂所讲授的重要理论观点。实践教学要服务于共同的教学目的，共同针对学生的主要思想问题，不能偏离课堂教学所教授的重大理论观点和要解决的学生的主要理论困惑。

实践教学和课堂教学的进度要大体上同步，不能快于课堂教学，也不能落后太多。这样可以确保学生在实践中获得更好的教育体验，同时也不会对课堂教学造成太大的影响。而实践教学成绩占总成绩一定的比例，可以让学生更加重视实践教学，并且更加认真地参与其中。

辅导员承担思想政治理论课实践教学，不仅可以为学生提供更丰富

的教育体验，同时也可以提高课程整体水平，让学生更好地理解课堂所讲授的重要理论观点。同时，实践教学和课堂教学要实现同步，服务于共同的教学目的，确保学生在学习过程中获得更好的效果。

（二）有助于提高辅导员素质

从整体来看，工作在学生思想政治教育第一线的辅导员队伍具有政治强、业务精、作风正等特点，他们不仅具有良好的品德，而且还对思想政治教育事业充满了热情，但是他们也还面临着政治思想水平和业务素质需要进一步提高的问题。高校思想政治理论课实践教学是高校学生思想政治理论课的重要组成部分。开展好实践教学不仅要求教师具备一定的组织工作的能力，更要求教师具备一定的马克思主义基础科学素养。在实际教学过程中，辅导员要深入研究思想政治理论课的教材，剖析思想政治理论课的教学重点、难点，了解学生思想上存在的主要问题，研究学生有较大影响的社会思潮、把握其内容、性质等，同时要做好实践教学的设计，以促进学生对重要理论的认知、认同和转化。在实际教学过程中，辅导员可以与其他高校进行合作，获得他们的指导和协助。其实，这一切都是为了让辅导员能够持续地增强自己的理论修养，提升自己的政治素质。

（三）有助于增强辅导员的归属感

辅导员是高校的重要管理人员，其工作职责包括管理、服务、教育等多个方面。然而，辅导员的工作量大，待遇、职称等方面与同龄专业教师存在较大差距，这容易导致其出现心理落差和归属感减弱，不利于队伍稳定。为了提高辅导员队伍的职业发展和稳定性，高校应该充分发挥辅导员在思想政治理论课实践教学中的作用。

首先，辅导员承担思想政治理论课实践教学可以提高马克思主义理论水平，提升组织管理能力，增强开展学生思想政治教育的实效性，为自己积累更丰富的经验，创造更优质的工作业绩。通过教授思想政治理论课，辅导员可以深入理解马克思主义的核心理论，提高自身的理论水平和政治素养，使其更好地协调和管理学生群体，提高学生的思想政治教育实效性。

其次，承担思想政治理论课实践教学可以帮助辅导员在职务上获得提拔，评定教师系列或政工系列职称，提高辅导员待遇、稳定辅导员队伍。高校通常会将辅导员的教学经验和业绩作为评定职称的重要指标，因此通过承担思想政治理论课实践教学，辅导员可以为自己的职业发展打下坚实的基础。

最后，承担思想政治理论课实践教学能够解决辅导员在职称评定中面临的课时不足问题，通过思考发现科研选题，增强辅导员在评定职称中的竞争力。在评定职称时，辅导员往往会面临课时不足的问题，这会影响其评定职称的成功率。而通过承担思想政治理论课实践教学，辅导员可以解决这一问题，同时也可以启发其思考发现科研选题，提升其在评定职称中的竞争力。

（四）有利于稳定辅导员队伍

在高校中，辅导员是一支非常重要的队伍，他们承担着学生思想教育和管理工作。然而，目前辅导员队伍存在一些问题，这些问题对高校的思想政治教育工作产生了不利影响。

首先，辅导员队伍缺乏稳定性。大多数辅导员都是年轻人，流动性比较高。这不仅影响了辅导员的工作稳定性，也影响了他们的专业水平和职业发展。其次，思想政治理论课程总量不能满足辅导员队伍的需求。由于课程总量不足，常常出现轮流上课的现象，这对于思想政治教育的质量和效果都会产生不良影响。不过，辅导员承担思想政治理论课实践教学也有一些好处。辅导员可以获得课时费，从而缩小与专业教师之间的收入差距，这对于辅导员队伍的稳定性和职业发展都有积极影响。为了改善辅导员待遇和提高收入水平，高校可以采取一些措施。例如，提高辅导员的工资待遇，加强对他们的职业发展培训，提供更多的晋升机会等。这些措施可以稳定辅导员队伍，为高校思想政治教育的可持续发展创造良好的条件。

第三节　高校思想政治理论课实践教学的物质保障

传统文化与思想政治教育工作必须保证必要的投入。总体来讲，各单位的思想政治教育投入相对较少，思想政治教育活动常因缺少经费和物质保障而难以展开。没有基本的经费和物质保障，思想政治教育就只能是一句空话。思想政治教育的物质保障应该包括以下方面。

一、基本建设

（一）活动场地

进行思想政治理论课教学时，常常需要开展各种活动，如座谈、报告、讲座等，因此就离不开报告厅、会议室等活动场地。此外，当举办一些大型活动时，还需要一些空间较大的室外公共活动场地。

（二）宣传场所

网络中心、广播站、电视台、宣传栏、文化长廊等传播媒体是思想政治教育的重要宣传阵地，各单位在进行思想政治教育时也应加强宣传场所的建设，使受教育者能够耳濡目染，从多个方面受到思想政治教育的熏陶。

（三）办公场所

时代的快速发展使人们的价值观念受到很多因素的干扰，与思想政治教育对象进行单独交流就显得越来越重要。在过去的很长一段时间，办公室都是由若干人共同使用的，当需要单独沟通时就往往受到客观条件的限制，所以应开辟出专门的办公场所。此外，就业指导、心理辅导等方面的工作量也呈现出逐年增加的趋势，这也要求开辟更多的办公场所。

（四）办公用品

在当前时代下开展思想政治教育实践教学，工作形式逐渐变得多样化，各种社团活动与社会实践活动，除了亲身参与之外，还有录像观看、参观访问、报告讲座等形式。因此，为便于资料存档，也为了提高教育活动的实效性与趣味性，应配备必要的办公用品，如电脑、打印机、录音笔、摄像机、照相机等。

二、经费投入

与经济工作相比，思想政治教育往往需要更多的政策扶持与资金投入。行政主管部门在日常管理中应对思想政治教育逐年增加财政投入，为其编列专门预算，并采取多种方法保障预算落实到位。具体来说，除日常办公经费外，奖励基金、科研经费、教育培训费、活动费用、基本建设费等都需要得到资金上的支持。

（一）奖励基金

为了对思想政治理论课实践教学中涌现出的先进事迹、先进个人、先进集体进行表彰，应设立专项奖励基金，从而调动更多参与者的积极性。

（二）科研经费

思想政治教育理论课实践教学不是一成不变的，必须随着形势、环境的变化而进行相应的调整。在这样的情况下，提供必要的科研经费有利于思想政治教育理论课实践教学工作的不断创新，在理论研究、实践调研等方面都取得突破性进展。

（三）教育培训费

思想政治理论课实践教学离不开思想政治工作者的参与，而他们的工作能力、知识水平对教育效果往往具有决定性影响。因此，应经常性地组织教师参加相关的专题培训会、交流会与研讨会，这也离不开经费支持。

（四）活动费用

为了实现更好的宣传效果，思想政治教育常常需要举办社会实践活动与宣传教育活动，没有必要的经费支持是不可能完成的。因此，活动费用也是经费投入的一个重要组成部分。

（五）基本建设费

各部门应将思想政治教育过程中的基本建设纳入本单位的总体建设规划之中，并为其编列专项预算经费，从而为思想政治教育的顺利开展创造良好条件。

为了保障经费来源，各单位应探索、建立多渠道的经费投入机制。一方面，可加大资金投入的力度，使传统文化与思想政治教育经费的增长幅度不低于财政收入的增长幅度。另一方面，为了有效补充经费不足的问题，还可多形式、多渠道依靠社会力量来募集资金。

三、实践教学基地建设

当前，随着时代的发展和人民生活水平的提高，社会这片沃土为思想政治教育创造了良好的条件。在新形势下，开展传统文化与思想政治教育可摆脱原有思维定式，将眼光投放到更加广阔的背景，对各种社会性活动基地进行充分利用，深化教育内容，丰富教育方法，拓宽教育渠道，提高教育效率。

（一）高校思想政治理论课实践教学基地的分类

这里我们按实践教学内容的不同进行实践教学基地的分类。

1. 思想教育基地

思想教育基地的目的是帮助大学生树立与社会发展要求相一致的思想，改变偏离社会发展要求的教育场所。思想教育的内容包括世界观、人生观、价值观的“三观”教育，以及社会主义核心价值观教育、集体主义教育和班风、学风、校风的教育。思想教育基地可分为“三观”教育基地、集体主义教育基地和班风、学风、校风教育基地等。

思想政治理论课实践教学的科普教育基地包括各类科技馆、实验室等，旨在提高学生的科学素养和树立唯物主义的世界观。这些基地可以让学生亲身体验科学和技术的魅力，增强他们的科学素养和创新精神。

思想政治理论课实践教学的劳动教育基地是使学生在参与劳动过程中树立正确的劳动观点，培养劳动习惯、卫生习惯，增强自理能力、珍惜劳动果实的教育场地。在这些基地中，学生可以通过参与各种实际劳动工作，体验到劳动的辛苦和荣耀，培养出勤奋、自立、自信和自尊等优良品质。

针对集体主义教育基地，可以开辟那些需要全体人员通过精诚合作才能完全实现任务目标的地方。在这些基地中，学生可以学习团队精神，培养出团结协作、相互信任、相互支持、相互关心的优良品质。这些基地可以包括各种社团、学生组织、志愿者服务团等。

思想教育基地的建设对于大学生的思想教育是非常重要的。通过建设科普教育基地、劳动教育基地和集体主义教育基地等，可以全面提高大学生的思想教育水平，增强他们的社会责任感和创新能力，为国家和社会的发展做出更大的贡献。

2. 政治教育基地

政治教育基地是以科学的政治理论为依据，为学生提供树立坚定的社会主义政治信念，确立为中国特色社会主义而奋斗的政治理想的教育场所。它是一种重要的教育资源，对于加强青少年的思想道德教育、培养他们的爱国情感、增强他们的文化自信心具有重要的意义。

政治教育基地可以分为政治理论教育基地和爱国主义教育基地。政治理论教育基地主要包括马克思主义理论研究基地、干部培训基地、中国特色社会主义理论体系研究基地等。这些基地为学生提供了更深入、更广阔的政治理论知识，帮助他们更好地理解和领会中国特色社会主义的内涵和精神。

爱国主义教育基地包括博物馆、纪念馆、烈士纪念建筑物、文物保护单位、历史遗迹和展示我国两个文明建设成果的重大建设工程等。这些基地通过展示我国历史、文化和人民英勇奋斗的事迹，激发学生的爱国热情和民族自豪感。

针对不同年龄层次、心理特点、知识水平和接受能力的学生，政治教育基地需要精心设计、周密组织。对于爱国主义教育基地，要注意思想性和艺术性，力求富有吸引力和感染力。同时，结合重要节日、纪念日，组织参观、瞻仰，祭扫活动；结合特定的教育主题，组织社会考察和社会实践活动；结合参观瞻仰、考察，组织开展征文、主题演讲会、专题讲座、知识竞赛等教育活动，以达到更好的教育效果。

政治教育基地对于大学生的思想道德教育、爱国主义教育、文化自信教育具有重要的作用。政府和教育机构应该加强对政治教育基地的建设和管理，为青少年提供更好的教育资源，推动国家的文化自信和民族精神的发展。

3. 道德教育基地

道德教育一直是教育工作中的重要一环，而大学生作为社会的中坚力量，更需要受到道德教育的熏陶。为此，道德教育基地应运而生，成为加强大学生道德品质和修养的教育场所。道德教育基地根据不同的教育内容和形式，可以分为三类：社会公德教育基地、职业道德教育基地、家庭美德教育基地。

社会公德教育基地主要开展文明礼貌、平等交往、助人为乐、保护环境等方面的社会公德教育。其中，文明社区教育基地可以让大学生亲身体验社区的生活，学习如何做一个文明的居民；环保教育基地可以让大学生了解环境保护的重要性，学习如何保护生态环境；礼仪规范教育基地可以让大学生了解各种场合的礼仪规范，学习如何在社交场合中表现得体。

职业道德教育基地主要开展诚实守信、爱岗敬业、奉献社会等方面的职业道德教育。例如,在企事业单位的实习基地中,大学生可以学习如何做一名优秀的职场人,如何在工作中展现自己的职业素养。

家庭美德教育基地主要开展尊老爱幼、勤俭节约、团结邻里等方面的家庭美德教育。例如,敬老院可以让大学生了解老人的需求和生活状态,学习如何关爱老人;幼儿园和儿童福利院可以让大学生了解孩子的成长和发展,学习如何与孩子相处。

总的来说,道德教育基地是一个多元化的教育场所,能够为大学生提供丰富的道德教育资源。通过参加道德教育基地的活动,大学生可以更好地了解社会、职场和家庭,提升自己的道德素养,成为有担当、有责任感的人。

4. 法治教育基地

法治教育基地是为了加强法治教育而建立的场所,旨在引导人们树立守法意识,学习法律知识,了解法律程序,遵守法律规定,增强法律意识和素质。

法治教育基地包括法院、检察院、公安局、监狱、劳教所、戒毒所、法制报社、青少年法治教育基地、法治文化广场、法治网站等。这些基地不仅是法治教育的重要场所,也是社会治理的重要组成部分。在法治教育基地中,学生可以进行庭审观摩、听犯人现身说法、参观展览、参与治安活动等,这些活动能够使学生深入了解法律规定,增强法律意识和素质。学生通过观摩庭审,了解法律程序,看到案件的审理过程,深刻认识到法律的权威性和正义性。同时,学生也可以听取犯人的现身说法,了解犯罪的危害性,引导他们树立正确的法律意识,增强遵纪守法的自觉性。

此外,法治教育基地还可以开设多种形式的法律教育活动,如法律知识问答、模拟法庭、法律文书写作等,使学生在活动中深入了解法律知识,提高法律素养,进而推进整体社会文明和进步。

5. 心理健康教育基地

大学生思想政治教育中,心理健康教育扮演着非常重要的角色。在大学校园中,学生们面临着各种各样的压力和挑战,包括学业压力、就业压力、情感压力等。这些压力会影响到学生的心理健康,因此心理健康教育的重要性就更加凸显。通过心理健康教育,学生们可以充分了解自己的心理状态，学会调节自己的情绪和压力，以及积极应对各种挑战和困难。

为了有效实施心理健康教育，需要搭建心理健康教育教学基地作为实施平台。学校的心理辅导机构、咨询中心以及校外专业的医院等都属于心理健康教育基地，这些基地应该根据大学生的生理、心理发展特点，运用有关心理教育方法和手段，以提高广大学生对心理学和心理健康的兴趣，并培养学生良好的心理素质。

通过参加心理健康教育基地的咨询和相关活动，除了能够提高学生的心理素质，还能够教育学生正确自我定位，锻炼学生的意志，增强克服困难、战胜困难的信心和勇气。通过心理健康教育基地的教育培养学生的团队精神，增强与人合作的能力和适应环境的能力，最终促进学生的身心全面和谐发展和素质的全面提高。

6. 综合教育基地

这一类的教学基地是实践教学基地的主体，这些基地活动内容丰富，可以全面提高学生的政治观念、思想观念、道德观念、法治观念。由于这类教学基地内容的丰富性，因此，很难将它具体归为以上各类基地中，故而，我们将其称为“综合教育基地”。这种教学基地主要有社会实践基地、志愿服务基地、勤工助学基地和实施实训与就业创业基地等。

（1）社会实践基地。通过社会实践，学生可以亲身体验社会的各种面貌，了解社会的运作机制，增强社会责任感和担当精神。

（2）志愿服务基地。通过志愿服务，学生可以为社会做出自己的贡献，培养自己的公民意识和社会责任感。

（3）勤工助学基地。在这里，学生可以通过自己的劳动来获得一定的经济收入，同时也可以锻炼自己的动手能力和实践能力。

（4）实施实训与就业创业基地，可以让学生更好地适应社会需求，提高实践能力和就业竞争力。

这些基地为学生提供了丰富的机会，让他们深入社会，接触社会，增强认识、能力、服务社会等方面的素质，为未来的发展打下坚实的基础。

7. 其他

（1）依据教学课程划分

思想政治理论课实践教学基地还可依据课程的不同划分为“思想

道德与法治"课实践教学基地、"马克思主义基本原理"课实践教学基地、"毛泽东思想与中国特色社会主义理论体系概论"课实践教学基地、"习近平新时代中国特色社会主义理论体系概论课实践教学基地"和"中国近现代史纲要"课实践教学基地、"形势与政策"课实践教学基地等。

（2）依据教学内容划分

根据实践基地的不同特点，可以将思想政治理论课教学划分为五种不同类型的实践基地。

第一，认知性实践教学基地。这种基地主要是通过实践活动来深化和巩固学生的认知能力，帮助他们更好地理解课程内容。在这种基地中，学生可以通过亲身体验来感受到课程中所讲述的理论知识，并将其融入自己的认知体系中。

第二，体验性实践教学基地。这种基地主要是为了培养学生的思想道德信念和情感。在这种基地中，学生可以通过实际参与社会公益活动等实践活动来增强自己的社会责任感和公民意识，同时也可以增强自己的道德情感。

第三，评价性实践教学基地。这种基地主要是为了培养学生的道德判断、选择和评价能力。在这种基地中，学生可以通过实践活动来积累道德判断和选择的经验，并逐渐提高自己的道德评价能力。

第四，行为养成性实践教学基地。这种基地主要是为了培养学生良好的思想道德行为习惯。在这种基地中，学生可以通过模拟实际情境、角色扮演等形式的实践活动来逐渐养成良好的思想道德行为习惯。

第五，综合性实践教学基地。这种基地是将以上四种实践基地综合起来，旨在巩固深化学生的认知能力，培养道德情感，提高分析判断能力，并磨炼学生的意志，促进道德行为的实践教学基地。

教师应根据教学内容和学生的实际情况，选择合适的实践基地，并通过实践教学帮助学生更好地理解和掌握课程内容，提高学生的道德素质和综合素质。

（3）依据教学环境与条件划分

依据思想政治理论课实践教学环境与条件，思想政治理论课实践教学基地多是实践性教学基地。实践性教学基地是高校思想政治理论课教学中不可或缺的一环。作为课堂以外的教学空间或场所，它提供了一个更加真实、具体的学习环境，让学生在实践中感受和理解理论知识。

思想政治理论课实践教学活动采取了多种形式，如参观、实地调研、现场参与、共同研讨等。与传统的课堂授课相比，实践教学活动更加丰富、具体、感性，可以让学生深入了解和掌握理论知识，同时也可以激发和增强他们的理论思维。

在实践教学活动中，VR技术的运用已经开始推广。借助高科技的技术，学生可以身临其境地体验历史事件的发生过程，了解历史的发展和演变，从而更加深刻地理解历史的意义。同时，VR技术还可以让学生在虚拟场景中进行实践操作，如模拟政治协商、领导决策等，提高学生的实践能力和应变能力。

（二）高校思想政治理论课实践教学基地建设的意义

1. 引导学生参与社会实践、社会服务，培养学生创新能力和实践能力

随着我国高等教育的不断发展，思想政治理论课已经成为高校教育的重要组成部分，对于培养具有高度思想觉悟和社会责任感的大学生具有重要意义。而建立思想政治理论课实践教学基地，则是实现高校思想政治理论课教学目标的有效途径之一。目前，在高校思想政治理论课实践教学基地建设中存在着一些问题，比如，一些高校建设的实践教学基地缺乏实际意义，只是形式上的建设，缺乏实际操作价值；一些实践教学基地缺乏与时俱进的理念，无法适应新时代的需求；还有一些实践教学基地缺乏资金和人才支持，难以发挥应有的作用。因此，探索思想政治理论课实践教学基地建设是必要的。这就需要高校在建设过程中，把握实践教学基地建设的目的，注重实际价值和实用性，同时结合新时代的需求，不断推进实践基地的创新；注重资金和人才的投入，强化实践教学基地的人才培养功能。只有不断推进思想政治理论课实践教学基地建设，才能更好地发挥实践教学的作用，培养出更多有社会责任感和实践能力的大学生，为祖国的发展做出更大的贡献。

2. 提高学生思想道德素质和分析解决实际问题的有效途径

思想政治理论课是高校进行思想政治教育的主要渠道和主阵地，它应该利用多种实践活动的方式，对其进行强化，从而使其在自身的思想政治素养和道德修养方面得到持续提升。所以，要构建并健全思想政治理论课的校内外实践教学基地，并将其利用好，使其拥有的丰富的教学

内容和教学资源，对学生展开生动、具体的爱国主义、集体主义和社会主义的教育。其中最直接有效的方法就是进行思想政治教育，同时也进行国情、地区形势教育。通过构建多维的高校德育与社会德育的有机融合，构建高校德育与社会德育相融合的高校德育教学系统，提升高校德育教学的针对性、时代性、实践性、实效性，提升高校德育教学的质量与效果。

作为建立大学实践教学体系的环境保证，高校应当建立以校内实践基地发展为中心，巩固和扩大校外的实践教学基地，采用校内外共建的思想，为推动高校思想政治理论课实践教学的发展提供一个良好的基础环境。

（三）高校思想政治理论课实践教学基地的开发与利用

1. 思想性与科学性相结合的原则

思想政治理论课实践教学基地的建设与使用，必须遵循思想性与科学性统一的基本原则，这是其最基本的要求，也是其最直接的反映。“思想性”是指在发展和使用思想政治理论课的时候，一定要以马克思列宁主义、毛泽东思想、邓小平理论、“三个代表”重要思想、科学发展观和习近平新时代中国特色社会主义思想为指引，要始终坚持社会主义的发展方向，要把党的教育政策完全贯彻执行下去；在思想政治教育中，要注重人的心灵价值与心灵力量，注重对大学生的世界观、人生观、价值观与道德观的培养；通过对他们进行法治观念的教育，树立起他们的共同理想，并最终依靠他们来实现中华民族的伟大复兴。

2. 坚持目的性和实效性相结合的原则

建设思想政治理论课实践教学基地的重要性越来越被大众所认识。这样做有助于实现育人宗旨，为教学目的服务。在构建思想政治理论课实践教学基地时，需要遵循目的性原则。这意味着，基地的设计和建设应该适合实现教学目标，并且在实践中发挥作用。

建设思想政治理论课实践教学基地时，需要明确任务，在教学主阵地和主渠道之间找到平衡点，以达到教育实效。为了达到良好的教育效果，需要充分利用实践基地开办实践教学活动。例如，学生可以到社区、企业等地实地了解不同的社会环境和文化背景。这些经历可以帮助他们更好地理解课堂上学到的理论知识,并且在实践中应用这些知识。因此,建设思想政治理论课实践教学基地是非常重要的,可以对学生的成长和未来产生积极的影响。

3. 坚持主体性和系统性相结合的原则

构建一个高质量的实践教学基地需要考虑到多个方面的因素,包括学生的主体性原则、学生的选择和参与性、系统科学思想、实践教学的目的性和有效性、与课堂相互补充以及开放的思想政治理论课实践教学基地。

首先,实践教学基地要体现学生主体性原则。这意味着在实践教学中,学生应该扮演着主角的角色,而不是被动的接受者。学生应该有机会参与到实践项目的策划、实施和评价中,以此来提高他们的自主学习能力。构建实践教学基地需尊重学生选择和参与性。这是因为每个学生都有自己的兴趣爱好和特长,他们应该有机会选择自己感兴趣的实践项目,并参与到项目中去。这样做可以提高学生的积极性和主动性,同时也可以更好地发挥他们的潜力。

其次,思想政治理论课实践教学基地是一个动态、开放的系统,建设实践教学基地要坚持系统科学思想,体现整体性、有序性、动态性和开放性。实践教学基地是一个系统,需要考虑到各个方面的因素,如项目的实施、管理、评价等。同时,这个系统是不断变化和发展的,需要及时调整和改进,以促进实践教学的目的性和有效性。这是因为一个好的实践教学基地应该能够真正地帮助学生学习,提高实践能力,而不是仅仅为了展示它的存在而存在。因此,需要对基地的开发和利用进行全面、科学的规划和管理。

4. 统筹性与创新性相结合的原则

首先,思想政治理论课实践教学基地应该兼顾校内和校外两个类别,统一安排、统筹建设。对于校内实践教学基地,应该充分利用学校内部的资源,包括教学楼、实验室、图书馆等,形成良好的实践育人氛围。对于校外教学基地,应该选择具有良好合作条件的单位,建立相对稳定的基地,以保证实践教学的顺利进行。因此,需要建立良好的校外基地选择机制,对于那些可以成为实践教学地点的单位进行筛选和评估。

其次，开发校外实践教学要有互利互惠的观念，让社会支持教育，让大学走进社会，为实践教学基地提供服务。实践教学是高等教育的重要组成部分，也是社会发展的重要支撑。因此，应该让实践教学成为大学与社会互动的桥梁，让社会对教育发展的支持和贡献得到回报。

最后，实践教学基地的布置内容必须与时俱进，不能一成不变。随着时代的发展和社会的变迁，思想政治理论课实践教学基地的开发与利用必须以创新为动力进行调整和更新，不断创新实践教学基地的活动模式、活动内容、活动载体等。这样才能满足学生对于实践教学的多方位需求，才能让学生接触到更多的新知识、新技能和新体验，才能让思想政治理论课实践教学真正发挥其教育引导作用，为学生的成长和发展提供更多的支持和帮助。

5. 覆盖性和安全性相结合原则

为了确保教学效果，实践教学基地必须全面考虑多个方面的教育内容，避免偏重某一方面。

实践教学基地必须以学生为本，根据不同情况来开发利用。不同年级、专业的学生在实践教育中需要学习的内容和技能是不同的，因此，教学基地的开发与利用必须根据学生的需求来进行。例如，对于政治理论类的实践教育，应该注重学生的思想政治素质的培养，而对于经济管理类的实践教育，应该注重学生实践操作能力的提升。

实践教学基地的全员覆盖是一个重要目标。实践教育不能仅仅面向少数学生，而是应该覆盖所有学生。这样可以确保所有学生都有机会参与实践教育，从而提高整体的教育质量。但是，在实现全员覆盖的同时，也要考虑安全性问题。在实践教育过程中，学生可能会遇到一些突发情况，如身体不适、意外伤害等。因此，教学基地必须具备基本的医疗条件和卫生条件，为学生提供必要的医疗保障。同时，教学基地也必须有严格的安全保障措施，确保学生的安全。只有这样，才能确保实践教育的有效性和全面性。

（四）高校思想政治理论课实践教学基地建设的实现

在建设思想政治理论课实践教学基地的过程中，要以开发与利用相结合的原则为导向，对实践教育的资源进行调研，对其进行科学的布置，并充分调动各方面的积极性，加强对实践教学基地建设和使用的配合，充分发挥实践教学基地的实际作用。

1. 开展实践教学资源的调查，合理规划教学基地的布局

实践教学基地是高等教育中非常重要的一环，它为学生提供了实践操作的机会，帮助学生将理论知识与实践相结合，提高学生的实际操作能力和综合素质。然而，在建设实践教学基地时，需要注意一些关键点，以确保其有效性和实用性。

首先，实践教学基地建设的首要任务是进行深入调查研究，评估必要性和实践教学价值。其次，根据思想政治理论课的教育目标进行整体规划和合理布局。实践教学基地的建设需要与思想政治理论课的教育目标相结合，实践教学基地的规划和布局需要根据课程要求和学生的需要进行合理的设计，以确保所建立的实践教学基地能够真正满足学生的需求。再次，严禁低水平的重复建设，避免资源闲置和浪费。在建设实践教学基地时，需要注意避免低水平的重复建设，避免资源的闲置和浪费。需要进行充分的规划和设计，以确保所建立的实践教学基地能够真正发挥其应有的作用。最后，实践教学基地的建设布局需要充分发挥其综合育人功能。实践教学基地不仅能够提高学生的实践操作能力，更能够培养学生的创新思维和团队合作精神，帮助学生全面提高综合素质，为学生的未来发展打下坚实的基础。

2. 发挥各方积极性，协调进行实践教学基地的开发与利用

实践教学基地建设需要多方面的资源支持和合作，为此，需要建立多元合作机制，吸纳学校、基地单位、社团组织等各方面的资源。在合作过程中，要考虑各方面的利益，坚持“合作共建，双向受益”的原则，充分发挥各方面的创新性和实践经验，不断完善和提高实践教学基地的质量和效果。实践教学基地建设不是一时的活动，而是需要长期持续发展的过程。因此，要实现良好的实践教学效果，需要多方面的支持和参与。

第一，新闻媒体的参与对于实践教学来说是非常重要的。新闻媒体可以通过报道和宣传实践教学的优势和成果，营造良好的舆论氛围，调动师生参与实践教学的积极性。同时，新闻媒体也可以及时报道和反映实践教学成果，让更多人了解实践教学的实际效果。

第二，高校是实践教学基地建设的主力军。高校应该挖掘资源、合

理布局、建设高质量的实践教学基地，并通过开展一系列实践教学活动来引导学生成长和贡献社会。高校还可以与企业、政府等单位合作，实现资源共享，提高实践教学的实际效果。

第三，共建单位的积极参与也可以为实践教学基地建设提供重要支撑。共建单位可以包括各行各业的单位，利用共建单位建设实践基地具有可靠性、针对性和可行性。共建单位可以为学生提供实践机会，让学生在实践中更好地理解和掌握理论知识。

第四，利用校友资源建设实践教学基地，能够扩大学生参与实践教学活动的空间，同时也能够为学生提供更好的教育与激励。许多高校都拥有庞大的校友资源，这些校友大多都在各个领域取得了较为优秀的成就。利用这些校友资源，可以为学生提供更多的实践机会，让学生更好地了解各个领域的职业发展和社会现状，从而更好地为自己的未来规划和发展打下基础。

第五，与周边社区合作，把社区变成思想政治理论课的“第二课堂”，可以为学生提供更多的实践教学机会，并且能够挖掘周边社区的资源，促进校地合作。社区是学生生活和学习的重要场所，通过与周边社区的合作，可以为学生提供更多的实践教学机会，让学生更好地了解社会现状和社会问题，同时也能够挖掘周边社区的资源，促进校地合作，为社区发展提供智力支持。

3. 扩大基地社会影响力，提高教学基地综合利用率

实践教学基地是高等教育中非常重要的一环，它可以为学生提供实践操作的机会，让学生在实践中掌握知识和技能，更好地服务于社会。但是，在实践教学基地的建设和利用上也存在着一些问题。

首先，实践教学基地的开发利用不够彻底，很多教学基地只是建设了场地和设备，却没有进行有效的利用。其次，实践教学基地的功能单一，很多场所只能开展单一的教学活动，不能满足多样化的教学需求。再次，实践教学基地的影响力不够，很多教学基地没有被广泛认知和利用。最后，实践教学基地的综合利用效率低，很多场所只能进行单一的教学活动，不能充分利用资源。

为了解决这些问题，应该采取一系列的措施。第一，应该打造主题鲜明的实践教学场所，让学生有更多的实践机会，同时也能更好地服务社会。第二，应该加强宣传力度，让更多的人知道实践教学基地的存在

和价值。第三,应该扩大影响力,让更多的人参与到建设和利用中来。第四,应该分析教育资源的功能和价值,揭示内在联系,促进互动交流,提高综合利用率。

总之,要提高实践教学基地的效益,需要我们共同参与,采取有效的措施,让实践教学基地发挥更大的作用。

(五)加强思想政治理论课实践教学的协调管理,实现基地的共建共享

思想政治理论课实践教学基地的开发、利用与管理,重在开发利用,赢在管理。

1. 加强高校与校外单位的协调管理

思想政治理论课实践教学基地建设是高校教育教学改革的重要举措,旨在加强学生的思想政治教育和实践能力培养。然而,这一举措的实施需要多个单位和部门之间的协调和沟通,才能取得更好的效果。

首先,高校作为思想政治理论课实践教学基地建设的发起者、领导者和组织者,需要与政府和基地所在地等多个单位和部门加强沟通和协调,共同制定实施方案,明确责任分工和工作计划,确保各项任务得以有序开展。

其次,为了更好地推进思想政治理论课实践教学基地建设,应成立有校外单位参加的领导小组,定期或不定期开展调研,听取汇报并解决新问题。该领导小组应由高校、政府、基地所在地的有关部门、企事业单位和校外指导教师等单位和人员组成,共同探讨实践教学基地建设的问题和难点,并提出改进意见和建议,为实践教学基地建设提供有力的支持和保障。

此外,相关党政部门需要提供政策支持,新闻媒体需要营造氛围,实践基地的企事业单位要提供实践场所,校外指导教师及其他资源也需要参与其中。只有各方共同参与,才能形成合力,推动思想政治理论课实践教学基地建设的顺利开展。

2. 加强校内的协调管理

近年来,高校教育的竞争日趋激烈,如何提升学生的综合素质,成为各大高校面临的重要挑战。为此,针对当前高校思想政治课实践教学存

在的问题,需要加强校内协调管理,拓展思路,整合各种实践基地资源,进行双基地建设,实现思想政治课实践教学的阵地化发展,促进思想政治课实践教学的有效开展和青年学生的早日成才,保证思想政治理论课实践教学基地开发利用工作的有序进行和思想政治理论课实践教学的顺利开展。

首先,加强校内协调管理是推进思想政治课实践教学的重要保障。高校管理部门需要加强对思想政治课实践教学的组织、协调、推动和管理,明确教学目标和内容,制定教学计划,合理分配教学资源,建立教学质量评价体系。同时,各学院应当积极响应校内管理部门的号召,加强学院内部的协调和管理,促进教学质量的提高。

其次,拓展思路,整合各种实践基地资源,进行双基地建设是提升思想政治课实践教学质量的关键。高校应当积极开展各种形式的实践教学,如社会实践、科研实践、创新创业实践等,将实践教学与课堂教学相结合,实现教学与实践的有机融合。同时,高校应当整合各种实践基地资源,如企业、政府、社会组织等,充分利用社会资源,为学生提供更为广阔的实践平台,促进学生的综合素质的提升。

再次,实现思想政治课实践教学的阵地化发展,使其更贴近社会、生活,培养学生关心社会、适应社会的品质。高校应当将思想政治课实践教学与社会实际相结合,让学生走出课堂,走向社会,深入了解社会现象,体验社会生活,增强社会责任感。同时,高校应当开展各种形式的思想政治课实践教学,如社会调查、社会实践、教育调研等,让学生更好地了解社会现象,增强学生的社会适应能力和实践能力。

最后,高校应当加强对思想政治课实践教学基地的开发和利用,建立基地管理机制,加强对基地的监督和管理,确保教学基地的有效利用。同时,高校应当加强对青年学生的培养和引导,注重学生的实践能力和创新能力的培养,让学生在实践中得到锻炼和提升,早日成才。

参考文献

[1] 杜环欢，韩中谊，林瑞青 . 思想政治理论课混合式教学研究 [M]. 北京：九州出版社，2022.

[2] 戴兆国 . 思想政治理论课分类教学研究 [M]. 合肥：安徽师范大学出版社，2022.

[3] 林蕾，杨桂宏 . 高校思想政治理论课教学研究 [M]. 北京：中华工商联合出版社，2022.

[4] 刘德林，程宏如 . 思想政治理论课导学 [M]. 北京：北京出版社，2020.

[5] 祁明 . 思想政治理论课教学研究 [M]. 上海：同济大学出版社，2021.

[6] 许晓玲 . 思想政治理论课情感教学论 [M]. 厦门：厦门大学出版社，2021.

[7] 邢亮，殷昭鲁 . 高校思想政治理论课实践教程 [M]. 北京：新华出版社，2021.

[8] 董涛，凌煜杰，颜娜 . 思想政治理论课案例教学指导 [M]. 上海：上海三联书店，2020.

[9] 刘军，韩玮，程文 . 新时代高校思想政治理论课教学改革探究 [M]. 成都：西南交通大学出版社，2022.

[10] 孙武安 . 高校思想政治理论课教学质量提升研究 [M]. 杭州：浙江工商大学出版社，2022.

[11] 陈丽萍 . 新时代高校思想政治理论课教学改革研究 [M]. 湘潭：湘潭大学出版社，2022.

[12] 刘淑娟 . 高校思想政治理论课混合式教学研究 [M]. 北京：九州出版社，2022.

[13] 马光焱，王晓光 . 新时代高校思想政治理论课改革与创新研究 [M]. 长春：吉林大学出版社，2022.

[14] 刘玖玲 . 高校思想政治理论课对分课堂教学实践与反思 [M]. 广州：华南理工大学出版社，2022.

[15] 肖芳，汤锐 . 高校思想政治理论课教学疑难问题解答 [M]. 北京：光明日报出版社，2022.

[16] 朱汉辰 . 新时代高校思想政治理论课教学研究 [M]. 延吉：延边大学出版社，2022.

[17] 罗永宽，李华，李向勇 . 新时代高校思想政治理论课建设研究第 1 卷 [M]. 武汉：武汉大学出版社，2022.

[18] 李久林 . 高校思想政治理论课教学改革模式的探索与实践研究 [M]. 北京：北京首都经济贸易大学出版社，2022.

[19] 刘宝杰，杨世宏 . 高校思想政治理论课实践教学 理论与实践 [M]. 北京：光明日报出版社，2021.

[20] 韩振峰 . 新时代思想政治理论课改革创新研究 [M]. 北京：中央编译出版社，2021.

[21] 随新民 . 高校思想政治理论课教学创新研究 [M]. 郑州：河南人民出版社，2021.

[22] 王小卫 . 职业院校思想政治理论课实践教学研究 [M]. 广州：广州中山大学出版社，2021.

[23] 刘素娜，周江平 . 改革开放以来思想政治理论课教学方法研究 [M]. 湘潭：湘潭大学出版社，2020.

[24] 思想政治理论课教学法探索与创新实践研究 [M]. 沈阳：沈阳出版社，2020.

[25] 吕小亮 . 新时代高校思想政治理论课教学改革探索 [M]. 上海：上海大学出版社，2020.

[26] 刘宝杰，杨世宏．高校思想政治理论课实践教学 理论与实践 [M]. 北京：光明日报出版社，2021.

[27] 张国军，杨春桃，胡茜．以“案”明理 以“例”服人 高校思想政治理论课实践教学案例 [M]. 北京：九州出版社，2021.

[28] 李世龙．思想政治理论课实践教学指导 [M]. 北京：北京理工大学出版社，2013.

[29] 马计斌，弓兰秀．思想政治理论课实践教学指导 [M]. 北京：北京理工大学出版社，2013.

[30] 游建军，鄢万春，蔡文钦等．思想政治理论课实践教学探索 [M]. 成都：巴蜀书社，2011.

[31] 郭纯平．我国高校思想政治理论课实践教学研究 [M]. 广州：世界图书出版广东有限公司，2014.

[32] 许义文．高校思想政治理论课实践教学指南 [M]. 沈阳：辽宁教育出版社，2012.

[33] 柳礼泉．大学思想政治理论课实践教学研究 [M]. 长沙：湖南大学出版社，2006.

[34] 王健，熊亮．从理想走向现实 高校思想政治理论课实践教学指南 [M]. 北京：北京理工大学出版社，2014.

[35] 陆海霞．实践育人背景下高校思想政治理论课实践教学改革的思考 [J]. 教育观察，2022，11（19）：42–45.

[36] 张俊．高校思想政治理论课实践教学路径构建：瓶颈 逻辑 策略 [J]. 文山学院学报，2022，35（01）：79–83.

[37] 于春梅，潘贺男，王春梅．高校思想政治理论课实践教学基地共建共享 [J]. 齐齐哈尔大学学报（哲学社会科学版），2020，285（11）：173–176.

[38] 周本卫，朱成山．地方高校思想政治理论课实践教学平台建设的思考与实践 [J]. 实验技术与管理，2019，36（12）：32–35.

[39] 吴任慰，康红蕾．高校思想政治理论课实践教学实效性研究——以福建省属某高校为例 [J]. 福建医科大学学报（社会科学版），2019，20（02）：41–44.

[40] 岳丽媛．高校思想政治理论课实践教学模式构建研究 [D]. 北京化工大学，2019.

[41] 楚莉莉 . 高校思想政治理论课实践教学改革的新思考 [J]. 天津电大学报，2017，21（04）：63–66+70.

[42] 黄芬 . 高校思想政治理论课实践教学现状及其对策研究 [D]. 湖南师范大学，2015.

[43] 刘畅 . 高校思想政治理论课实践教学研究 [D]. 华中师范大学，2012.